U0594966

高校体育教学创新研究

王 雪 王晓群 荣 杰 著

吉林出版集团股份有限公司
全国百佳图书出版单位

图书在版编目（CIP）数据

高校体育教学创新研究 / 王雪, 王晓群, 荣杰著
. -- 长春 : 吉林出版集团股份有限公司, 2022.12
ISBN 978-7-5731-2931-4

Ⅰ.①高… Ⅱ.①王… ②王… ③荣… Ⅲ.①体育教
学—教学研究—高等学校 Ⅳ.①G807.4

中国国家版本馆CIP数据核字(2023)第035044号

高校体育教学创新研究

GAOXIAO TIYU JIAOXUE CHUANGXIN YANJIU

著　　者 / 王　雪　王晓群　荣　杰
责任编辑 / 蔡宏浩
封面设计 / 常　浩
开　　本 / 787mm×1092mm 1/16
字　　数 / 220 千字
印　　张 / 9.5
版　　次 / 2022 年 12 月第 1 版
印　　次 / 2023 年 8 月第 1 次印刷
出　　版 / 吉林出版集团股份有限公司
发　　行 / 吉林音像出版社有限责任公司
地　　址 / 长春市福祉大路 5788 号
电　　话 / 0431-81629667
印　　刷 / 吉林省信诚印刷有限公司

ISBN 978-7-5731-2931-4　　　　　定　　价 / 50.00 元

前　　言

　　21世纪是以高新技术为核心的知识经济占主导地位的时代，是人口结构越来越多样化、科技越来越发达、信息化程度越来越高、对人才的创新能力要求越来越高的时代。高校是培养社会、国家所需人才的摇篮，也是莘莘学子步入社会、走上工作岗位的一个重要过渡时期。体育教学是高校人才培养中的一项重要指标，体育教学质量的高低，直接涉及影响到当代大学生科学体育观的形成以及身心健康状况，直接涉及影响到高校人才培养的质量。体育不仅是教育的一项重要组成部分，也是国家软实力的重要体现。随着国家综合实力的不断提升，体育在学校教育中的作用和地位越来越高，社会对体育人才的需求也在不断发生变化。为了能够满足我国当前社会发展的需要，高校对体育工作者的培养越来越重视。

　　高校体育是大学生形成良好的终身健身意识和体育锻炼习惯的关键时期，培养学生运动兴趣、提高其运动技能是高校体育的重要使命，是学生将来能够成为健康社会公民的重要保证。因此，高校体育教学创新是实现高校体育教学目标，完成教学根本任务，增强教学效果的重要途径。各类高校的体育教学要坚持尝试，大胆创新，争取为教学目标、教材的选用、教学模式到教学方法、评价体系和人才培养等方面提出更多深层次、前沿性的策略。

　　高校体育教学是大学生获取科学体育运动健身知识的重要阶段，因此对大学生进行与未来职业岗位相关的体育健身知识教育对有效改善健康状况、提高健康幸福指数大有裨益。大学生体质健康历来是党和国家关心的问题。高校体育课以指导大学生进行科学体育锻炼，学习正确体育健身知识为主要内容。通过体育教学的创新，可以培养大学生的运动兴趣，提高体质健康，进而培养大学生健康的体育生活习惯，对塑造大学生终身体育观有奠基之效。

著　者

目　　录

第一章　高校体育教学概述

第一节　体育教学相关概念

一、体育教学概念

学校体育教学是学校教育的主要组成部分，是依据青少年成长规律，以运动技能为主要练习手段，通过体育课程教学、课外活动锻炼、课余训练与竞赛等多种形式进行有目的、有规划、有组织的学校教育活动过程。增强学生体质，保持学生身体素质健康水平，指导学生掌握体育知识与技能，养成良好的体育锻炼习惯和终身体育意识，同时结合道德品质的培养，促进学生综合素质的全面发展，为社会主义现代化培养合格的、健康的建设者和接班人。

从狭义上解释，学校体育工作可以认为是一般的体育教育过程。它是由学校组织开展的、以全体学生为参与对象的校园体育活动，活动方式包括体育教学、课外活动与锻炼、课余训练与体育竞赛等内容。从广义上来说，学校体育工作可视为一种学校教育的行为过程，包含由学校组织实施的一切体育行为与活动。不仅包括体育课程设置实施、课外体育锻炼开展和体育竞赛组织等内容，还包括学校体育工作的规划、管理与执行，学生体质的监测与评价，以及学校体育基础设施的建设与保障。广义的学校体育工作概念更加全面和完整，能够更加系统地反映学校体育工作的内涵和作用机制。

高校体育教学是以高校为活动场所展开体育教学的一种教学形式。体育教学实施过程中，按照高校教学标准，根据既定教学计划和课程标准，从而开展有目的、有组织的教育活动，是实施学校体育的基本形式，也是实现体育目标的必要途径。其间，教师和学生共同参与，以体育教师为主体，向学生传授体育知识、技术与技能，以增强学生体质，培养学生道德、意志和品质等。

体育教学工作应具备三方面的基本属性：其一，体育教学不仅是国家推进社会全面素质教育的重要工作，还是教育实行全面化的、不可或缺的组成部分；其二，体育教学是一项以教学目标为指导，由学校主导进行科学规划教育过程的活动；其三，体育教学是一套具有多维度特性的、内容涵盖量大并受多方面因素影响的复杂教学系统。

要把发展体育工作摆上重要日程，精心谋划，狠抓落实，不断开创我国体育事业发展新局面，加快把我国建设成为体育强国。因此，高校体育教学作为学校教育的重要组成部分，不只是一门课程，而是育人的基础，它是联系学校与社会、传授学生终身体育技能，同时体育课程带给学生更多的是，让学生在今后走向工作岗位后利用大学时期所学的知识合理地参加体育锻炼，因此大学体育教学肩负着重要使命，将科学的教学手段运用于课堂，才能保证现代体育教学的质量。

二、体育教学方法

(一) 体育教学方法概念

体育教学方法是指在教学过程中运用各种手段，以更高效地实现体育教学设定的目标，它包括体育教师教授的各种方法，是体育教师运用体育知识、技术和技能等促进学生学习掌握和锻炼的过程，从而达到使学生体格健壮的体育教学目的的方法。

体育教学方法的选用的最终目的就是让学生牢记知识理念，熟练掌握并运用体育相关技能。高校体育教学不仅在乎本科生理论、技能的掌握，而且更加重视对其三观的培养，努力做到身心全面发展，提高学生的综合素质能力。体育专业本科生在良好掌握所学技能的同时，其综合能力也在此过程中得到提升和发展。

体育教学方法的选用是为了促进体育专业本科生综合能力全面发展，需要体育教师与学生相互协作，和谐配合，发挥学生主观能动性的作用，让其秉持积极的态度去进行体育相关项目活动，体育教学方法的选用的最优化功能才能得以发挥。体育教学过程是一个动态渐进的发展过程，体育教学中各个要素也在不断地发生变化着，因此，更应该把体育教学方法看作是动态的、可变的、发展的，而不是一成不变的、僵化的方法。

(二) 体育教学方法的特征

1. 双边性

体育教学方法是在教学过程中，老师和学生传递知识之间起着桥梁的作用，加强师生之间的互动。在体育教学实践的课堂上，老师就是技能知识的传授者。当老师对专项理论技能知识、动作要领进行讲解时，希望学生能够认真地听讲、努力地思考、有必要的时候做好记录。另外，老师做动作示范时希望学生能够先认真地观察，再跟着老师进行动作模仿，最后再不断地反复练习。

在练习的过程中，把自己遇到的问题和困难及时地与老师沟通，向老师求助。另外，也可以将自己在学习过程中总结的个人见解和老师分享，得到老师的鼓励或纠正，以体现出老师和学生在教学活动过程中能共同参与到活动当中。

此外，在教学过程中教师不仅仅是知识的传授者、指导者，而且还是能够在教学活动中与学生互动的聆听者。因此，在体育教学活动中，老师和学生形成了一种相互依赖、相互需要的关系。在体育教学过程中，教学方法的使用应该体现出教师和学生在教学活动中能够共同参与。体育教学方法就是教师和学生合作的方法，因此，体育教学方法应该在教学中体现出既要注重教师的"教"，也要注重学生的"学"的双边性特征，以满足现代体育教学的需要。

2. 实践性

理论来自实践，而实践又以理论为基础。在体育这门特殊的学科中，掌握技术动作质量，提高训练效果，不仅需要掌握扎实的理论知识，还需要不断地反复实践练习，才能提高动作质量。

在体育教学实践过程中，老师除了要讲解动作要领并示范之外，还要为学生提供更多参与实践活动的机会，为学生创造独立发展的空间，营造一定的活动氛围，激发学生的学习兴趣，保证每个学生都能积极参与活动。因此，在教学过程中，教师采取的教学方法应以引导学生学习为主，启发学生对问题的不断研究与探索，从而提高学生的自学能力，加强学生实践能力。

相反，传统的体育教学方法在提高学生实践能力方面不够重视。在传统体育课堂上，由于受到传统教学思想的束缚，学生的自由受到教师的控制，教学任务的完成都是在教师事先预定的计划中进行，学生没有自己的活动空间，一切都在老师的掌控之中，导致学生的潜能得不到充分挖掘。这种不能学以致用的教学方法使学生严重缺乏实践能力，这对学生身心健康以及学生的全面发展都是不利的。

因此，在体育教学过程中，传授学生基础的理论知识是提高学生学习成绩的前提，引导学生主动参与实践活动才是主要目的。

3. 整体性

随着体育教学的不断改革、体系的不断完善，也产生了越来越多的体育教学方法，而每一种教学方法都有着各自的特点。根据体育教学方法各自的特点，在某种条件下可以将多种教学方法同时运用到教学过程中，教师在选择体育教学方法时应灵活多变，并根据所选取的教学方法之间的关系，将它们合理地整合起来，有针对性地运用到体育教学中。例如，在体育教学中榜样法和练习法的应用。当学生在学习高难度动作时，老师通过讲解、示范动作要领之后，学生可能会对某些高难度动作或者器械产生恐惧感或不自信。为了消除他们内心的恐惧，老师应该找一个对技术动作掌握得比较好的学生做榜样，以消除他们内心的恐惧，鼓励他们学习高难度动作，再通过反复练习，提高技术动作的质量。再如，观察法和评价法在教学中的应用。在教学中应该多发展学生的观察能力，开拓学生的视野。要求学生将所观察到的问题进行归纳总结，然后再与老师和学生分享，老师和学生对他的总结进行评价，从而使其学习能力得到不断地提高。除此之外，教师在体育教学过程中，可根据相应的教学任务，选取情景教学法、发现法、问答法、探究法、学习法，以激发学生的学习兴趣，挖掘学生的潜能，提高学生的思维应变能力以及学生的自学能力。不但能加强课堂的丰富性、灵活性，而且对提高教学质量有着促进的作用。

因此，在教学过程中，教师应有目的性地选取多种教学方法，并整合起来有针对性地运用到教学中，从而顺利完成教学任务，事半功倍地实现教学目标。

4. 继承性

继承是对先辈留下的有价值的东西的一种传承。在体育教学中，现代很多的教学方法都继承了传统体育教学方法。比如问答法，问答法也称谈话法，在体育教学中老师和学生之间通过语言的提问和回答的形式进行互动，传递教学信息、完成教学任务的一种方法。《学记》提出："善问者如攻坚木，先其易者，后其节目，及其久也，相说以解。不善问者反此。"这是所说的提问法，提问就像砍硬木头，应先砍松软的地方再砍木头的关节，只有这样，关节才能砍通。在教学中，若老师先从难处问起，学生不知该怎么回答，问题就得不到解决，应从简单的问题问起，再逐渐加深难度。古代的"启发式"教学方法和现代的"启发式"教学方法有着相同的特点，都是以启发引导学生为目的，但二者的不同之处在于，传统的"启发式"教学方法注重的是启发引导学生对所学基本知识的领悟，而现代的"启发式"教学方法不仅仅重视对已有基本技术知识的领悟，还更重视学生在新的领域里不断地探究、创新，寻找出新的思维、新的发现。

传统体育教学方法只有在不断加工改造的基础上，继承传统体育教学方法的精华，才能使更多的教学方法得到继承与发展。

三、高校体育教学的基本原则

在高校体育教学的实施过程中，必须遵守五大基本原则，才能避免体育教学过程中的盲目性与随意性，保证对健康体育锻炼的共同追求和向往。

第一，区别对待原则。根据不同的个人实际体质，每一个人的体育锻炼方法必然不同，应该结合实际选择适合自己的体育锻炼方法。普通高等学校招生除高中应届毕业生外还有成人高考，由于高考年龄限制的取消，大学生个体健康素质差异很大，情况也多种多样。我们应该采取区别对待原则，针对不同年龄层次、不同健康状况群体的需要，传授不同内容，采用不同施教模式，实施灵活多样的健康体育教育形式。

第二，循序渐进原则。具体的体育锻炼应有科学合理的顺序和计划安排，应按照合理的顺序，穿插适当的休息，形成加强—适应—再加强—再适应的模式，逐步提高身体素质。良好的身体素质是掌握专项体育运动技术的基础。因此在体育教育课程安排上，从基础抓起，全面提高身体素质、发展体能，然后教授专项运动技能和知识，再结合学生自身特色发展属于自己的体育风格，历经被动接受到主动创新的过程，是高校教育未来发展的趋势。

第三，积极创新原则。需要（目的）、动机、兴趣、行动心理学的规律，说明人类行动积极主动性来源于需要。时代是不断进步的，任何事物的发展趋势总是前进的，而发展的道路又是迂回曲折的，高校体育也不例外。与时俱进，体育教学的理论和方法需要不断创新，专项运动技术与知识也需要不断完善创新，只有不断创新，新理论与新技能才能符合大多数人民的利益，满足学生个性化追求，得到广大当代大学生的支持和拥护。与此同时，高校体育才能在改革创新中求发展。

第四，积极主动原则。在平衡发展的基础上，高校体育锻炼必须使参与者认识到参加健康体育锻炼的重要性和寻求健康体育锻炼方法的积极性，充分调动他们的自主性和目的性，唤起学生对健康体育的共同追求和向往。了解不同学生的需要，针对当今高校体育教学存在的问题，加强对大学生的体育健康理论知识教育。通过大学多样的体育运动形式，培养学生自觉参加体育锻炼的习惯，形成良好的全民健身的体育文化氛围，使体育作为一种兴趣。

第二节　体育教学与美育、德育

一、体育教学与美育

在我国的教育体系中，体育与美育都是实现素质教育的重要组成部分，体育教育是一种以身体活动为形式的实践教学，负责提高学生体质水平、提高学生运动技能，美育则是一种立体式的理论教学，负责培养学生对美好事物的欣赏、创造等能力。德、智、体、美、劳五育之间是相互依存、相互促进的关系。在当今社会各个学科之间相互结合、产生互补作用的趋势下，体育与美育的融合就是将实践教学与理论美学相结合，这样才能更好地发挥体育将健全精神寓于健康身体之中的功能。因此，如何把美育内容有效地融入体育教学中、充分发挥体育美育的作用是高校亟须解决的问题。

（一）美育视域下大学生体育课程学习样态呈现

1.入境入神

入境入神是指学生在教学活动开始阶段，学生审美注意被集中，学生生活与教材、学生的情感与外部、学生与教师心灵完成对接，在体育课程学习过程中充满一种体验的愉悦。在教学活动中使学生自觉积极地参与到体育学习之中，依据审美经验模式，首先应考虑的是引起学生的审美注意力，使学生产生审美期待，积极地参与运动实践。在体育教学活动开始阶段，为了引起学生的审美注意，通过各种教学情境进行引导，使学生的学习兴趣被激发，在娱乐、欢快的氛围中学生和所学内容进行了对接。体育课程是以运动性认知为主的课程，无论是在体育活动游戏情境，还是在其他情境中，学生在感性化、动态化的学习体验过程中各种情感被激活，实现情感与外部的对接。体育教学的身体活动性，使体育课程在实践体验的过程相对较多，无论教师讲解动作时的亲身示范，还是体育游戏、体育比赛时师生之间的交流互动，都使师生情感在整个情意融融的氛围中完成了心灵上的对接，使师生在这种和谐的情境下产生沟通和对话的愿望，享受表达和倾听的乐趣。当学生的情感与外界相联系时，能够了解教学内容所表达的原意，在自己已有生活经验基础上产生丰富生动的联想与想象，创造出全新的体验。

2. 历历可辨

历历可辨是指学生在体育课程教学过程中各因素审美转化后，学生在学习过程中对学习内容微观上细节敏锐，宏观上视野开阔。第一，审美的本质是人类活动的自由形式，因此，形式对于审美具有特殊的意义。在体育教学过程中应充分运用人体的各种感觉器官、直观教具、手段，扩大直观效果，即以体育课程学习内容的概念（点）为枢纽，将各知识点之间的联系视为一条线，通过多条线绘制成一个平面，最终由多个平面构成三维网络结构。无论是体育理论课程还是体育实践课程，体育教学过程中的概念或原理，能够以最简单、干净的面貌呈现在学生面前，使学生明确地"聚焦"到一堂课中学习基本概念、动作的基本原理，而不是在"知识的海洋里畅游"，感到不着边际，最终迷失方向。第二，学习过程中逻辑环节和细节的清晰化，学生能够清晰了解学习过程中各部分、各因素、各环节、各细节之间关系，以及跨学科知识间的联系（体育学科内各分支、各部分内容之间的相互联系，各种学科思维方式的交叉），使微观细节敏锐，宏观视野开阔，纵横驰骋游刃有余。

3. 乐在其中

乐在其中是指整个体育教学过程转化为审美欣赏、审美表达和审美创造的师生活动，师生关系转化为审美关系后，学生在教学美感的产生与体验中乐此不疲。无论在体育教学开始阶段，还是在教学过程中，教师都要有目的、有意识地创设体育审美情境，引起学生的审美注意力，使学生置身于体育审美教育环境之中，将体育课程教学过程中各因素进行审美转化。学生在整个体育课程学习过程中都能体验着审美对象本身的多样性和丰富性的意蕴，在这种审美体验中学生不仅感受着对象的形、色、声、态等的差异性，也能在这种感受过程中进入身临其境的整体境界。由于美感是一种高级情感，是精神愉悦，教学美感的产生与体验，其最终都要归结于实践学习阶段，学生所有的审美经验与审美对象以实践体验为母体结合审美活动关系，双向发生、双向发展，又彼此促进。此时，整个学习过程转化成学生审美欣赏、审美表现、审美创造的过程，师生之间、生生之间产生一种心灵的契合，共同置身于教学情境之中，激活学生的心境，使学生融入学习过程，达到物我两忘的境界。

4. 明心会意

明心会意是指学生在教学过程中对所学内容的一种领悟或体验。学生进行动作模仿或游戏体验，在记忆力与想象力作用下，借助联想和想象，在脑海中产生出相关的审美意象，促进学生对体育情感的产生。首先，记忆力作为人类大脑储存和复制过去经历的能力，是审美能力结构的重要组成部分，大学生具有丰富的审美图式，能够自觉地记住自己感受到的美好事物，并且能够积极主动地构建审美信息的记忆库，如果没有这种能力，学生的审美感知能力、审美想象能力、审美理解能力也将无法进行。其次，想象力是审美能力的组成部分之一。大学生通过审美想象和联想活动，寻找自己头脑中储存的审美信息，进行图像加工，联系、转换或重组图像。最后，情感力作为审美能力结构中的核心要素，它与注意力、感觉、知觉、记忆、想象相结合，主导整个审美过程，形成以情感力为中介构成审美能力。在体育教学活动中，通过学生所见、所闻、所感激发学生情感，在记忆力与想象力基础上组接各种审美意象，以达到审美移情的目的。

(二) 美育视域下大学生体育课程学习特性

1. 融合性

首先，从美育的性质上来说，美育具有感性与情感特性，美育的这两种特性是最具融合性的教育境界。其次，从美育在教育中的位置来说，美育从始至终都属于教育的一部分，要加强美育与其他学科的融合。最后，融合性体现在美育与体育课程相融合，体育课程中游戏情境的创设、教学过程中各因素的审美转化、学生在学习过程中愉悦地体验，这些都是体育与美育融合后的不同的角度展现。

2. 情景性

在体育课程设计时，遵循美育情感性的特点，从兴趣、实际体验出发，在课堂内容的表现形式上表现出多样性、情境性。体育教学过程中一个良好的教学情境对学生的学习效果具有良好的促进作用。因此，要创设教学情境，通过创设体育审美情境，使学生完全置于体育审美教育环境中，使学生完成与教材、外部、教师之间的对接，在体育教学审美情境中得到情感的愉悦，从而激发学习动力，以达到塑造体育审美心灵，培养体育审美情操的目的。

3. 趣味性

在构建趣味性体育课程时要坚持学生主体性原则、渐进性原则、综合培育原则以及多元教学方式。美育视域下大学生体育课程学习遵循渐进性原则、相互交流原则，在体育教学过程中通过多种教学方式增加学生的趣味性，达到引起学生审美注意和具有良好审美体验的目的。如将体育游戏引入体育教学中，能够提升教学过程中趣味性。其中，游戏不仅能够激发学生运动兴趣，使学生积极欣赏、创造运动美，而且游戏在运动和美学之间还起着桥梁作用。

4. 体验性

在审美经验模式中，审美体验具有基础性作用，基于审美体验，不仅能激活全部的审美经验及其心理形态的感知、想象、情感、领悟，还可以使审美经验呈现为一个生命统一体。美育视域下大学生体育课程学习体验性，从一开始的创设情境到最后的领悟体验，不管是游戏活动还是身体活动模仿练习都使学生处于一个"体验"的过程。

5. 创造性

美育视域下体育课程本身就是一种思维转化，它注重体育课程艺术性，是体育与美育的融合，将体育教学进行审美转化，不仅重在提高教师的艺术修养与审美能力，从而使整个教学设计更加具有艺术性，使体育活动折射出体育艺术美的光芒，而且还十分重视课外艺术实践活动对于学生的熏陶，这对提高学生审美能力和创造能力大有裨益。审美体验具有源出性和亲历性，这两种特性其实就是学生思维转化的结果，使不同的个体在审美体验中对于同一审美对象形成了不同的审美体验和人生感受，展现了学生学习成果的丰富性、多样性、个性化及创造性。

二、体育教学与德育

（一）高校体育课程德育目标的本质属性

1."立德"与"树人"：体育功能论

认识体育对"立德"与"树人"培育的认知有助于我们了解在高校体育课程中应该"立"什么样的"德"，"树"什么样的"人"，如何"立德"、如何"树人"等问题。

那么对大学体育课程落实立德树人根本任务的概念认知可以从以下三个方面进行思考。

（1）关于"立德"的思考。"立德"代表了一种价值观，表达的是对真、善、美的追求和认同。在体育领域中关于"立德"的范畴应该定位在三个层次：其一，培养学生的运动技能，高校公共体育的本质是育人，如果大学生在高校学习阶段不能有效地掌握运动技能，那么何谈育人；其二，培养学生的规矩意识，大学生在学习运动技能的过程中，不同运动项目的规则具有约束和制约个体的行为规范，在体育实践活动中培养学生的规矩意识；其三，培养学生的价值判断能力，大学体育课程通过增进学生的体质健康，树立学生身体与健康的观念，建立健康的价值取向和判断。

（2）关于"树人"的思考。人是一个深刻、复杂的哲学问题，马克思主义理论对大学体育课程与"树人"的关系有着深刻的指导意义，主要表现为三个层次：其一，培养完整的人，体育具有培养追求自由、追求个性和全面发展的功能，通过体育能够塑造完整的人；其二，培养具有健康理念的人，体育本身代表了一种积极、健康的生活方式，大学体育课程能够培养思想积极、身体健康的人；其三，培养文化自信的人，体育为不同个体参与实践活动提供了场域，不同的个体按照共同的目标实现最终的目的，在实践过程中自觉树立了社会主义核心价值观，产生了文化自信。

（3）关于"立德"与"树人"关系的思考。"立德"与"树人"不应该是平行的关系，而是一种递进的关系，只有将两者完美结合才能达到立德树人的愿景，大学体育课程在落实立德树人根本任务过程中如果不能把"德"立好，就容易把大学生培养成危害社会的人，如大学生体育竞赛中经常出现的"年龄事件""考试替考事件"等，这些问题都折射出了大学体育课程存在的"德育"危机。因此，只有立德才能树人，只有立德方能成人。

2. 育德：高校公共体育课程的价值导引

立德树人是教育的根本任务，它要求学校教育必须按照"德育为先"的方向，以健全学生的人格为原则，以培养学生的全面发展为目的，致力于将学生培养成有用之才，体现了学校教育的育人价值。学校体育作为学校教育的重要组成部分，学校体育的育人价值体现了大学体育课程落实立德树人根本任务的本质，学校体育育人价值可以从"育体"和"育德"两个层面来揭示，"育体"主要通过体育来培养学生的身体；"育德"则主要通过体育来培养学生的思想品德。对大学体育课程实现"育体"的价值已经得到学界和社会的广泛认同，对"育德"价值的实现仍处于起步阶段，并且"育德"的价值已超出体育学科生物学的属性。首先，"育德"赋予了大学体育课程的特殊任务。立德树人的提出确定了我国教育改革的基本方针，它既是现代社会发展的需求，也是现代教育改革的需要。按照现代社会发展的需要，构建一个和谐、稳定、人际关系融洽的社会是现代社会的基本特征。大学生作为建设现代社会的重要主体，高校教育必须体现立德树人的理念和思想，公共体育教学也不例外，立德树人的提出是新时代大学体育课程发展的必然要求；其次，"育德"是大学体育课程培养学生核心素养的要求。文化基础、社会参与和自主发展构成了中国学生核心素养的三个基本维度，是培养全面发展的人的具体体现；最后，大学体育课程具有独特的"育德"价值。体育是以身体练习为媒介的教育方式，它与室内其他文化课学习有着本质的区别。一方面，体育课教学要求学生必须克服生理或心理上的极限；另一方面，体育课教学要求学生用意志力去完成所学的基本知识。体育活动过程中需要学生通过团队配合的形式来完成基本的技术，体育竞赛中有大量的规则，通过遵守规则能够培养学生的体育道德素质。

（二）高校公共体育课程落实立德树人根本任务的实践指向

1. 学生主体成长的实践指向

古语有云，立德、立功、立言，此谓三不朽。可以看出，古人把立德置于立功、立言之上的，意在强调立德的重要性。党和国家的一系列教育政策的提出，都在强调"立德树人"的重要性，立德树人已经成为我国社会主义现阶段教育事业的一个核心任务，各类学校都必须积极贯彻和落实立德树人根本任务。我国高校已经实现了数量上的扩张，并且随着教育强国战略的不断推进，高校无论在规模，还是数量上都将实现历史性跨越。但按照教育强国战略部署的要求，立德树人是高校的根本使命，落实立德树人根本任务是高校发展的根本使命。立德树人是指以德为先，教育过程不仅要传道授业，更要培养社会主义核心价值观，引导学生形成正确的人生观和价值观。体育为培养个体的道德意识、团队意识、规则意识以及集体荣誉感等方面提供了重要的实践载体，尤其是通过体育竞赛能够将不同层次的人群，按照特定的规则，使不同的个体能够按照既定的目标，依靠顽强的意志品质获取比赛的胜利，提升个体的归属感、团队意识和集体荣誉感。因此，高校在重视体育发展学生体质健康的提升时，要始终把落实立德树人作为高校体育工作的根本任务，在体育教学中积极落实立德树人根本任务，加速教育强国建设。

2. 高校协同工作的实践指向

过去一段时间，高校落实立德树人的根本任务往往存在雷声大、雨点小的现象，主要是由于高校对落实立德树人根本任务还未成体系化、协同化，学校各部门之间的协同性较低。大学体育课程虽然在立德树人教育的某一方面可能效果会稍好一些，但就大学体育课程长远角度来说，走协同推进道路是大学体育课程落实立德树人根本任务的前提。我国大学体育课程要取得进一步发展，就要自觉跟随中国共产党的领导，用大格局、大视野谋划发展，首要的一点就是要构建高校公共体育立德树人教学体系。教学是由"教"和"学"组成的，既不是教师的事也不是学生的事，而是要靠国家、社会、学校、教师、学生甚至是家庭等多方合力，才有可能促进大学体育课程体系的构建，才有可能真正促进大学体育课程达到质的飞跃。因此，大学体育课程落实立德树人根本任务的实践指向就是要构建起适合高校体育发展的立德树人协同路径，让教师有体系去教，让学生有体系去学，进而才能将立德树人作为评价大学体育课程改革的标准，才能将大学体育课程落实立德树人根本任务做精做细。

第三节　高校体育教学的影响因素

一、高校体育教学的教师因素

（一）增强体育教师职业精神

良好的职业精神是促进体育教师教学工作专业化发展的重要途径。因此，在高校体育专业化发展过程中，应当强化对教师岗位意识和职业精神的培养，将职业精神转化为教师专业水平提升的内在动力。对于高校体育教师而言，职业精神的内涵丰富，既包括对工作的热情与态度，也包括对学生的关心与爱护，还包括自身的能力与水平等。具体表现为在教学活动中具有高尚的品德和修养，以热情饱满的精神状态对待课堂教学，做到为人师表、言传身教，自觉提升专业素养和水准，以严谨、认真、科学的态度治学，掌握体育教学的科学方式与合理方法，给学生提供专业、优质的教学内容。学校应当强调职业精神的重要性，对教师职业精神提出高标准、高要求，树立职业精神榜样。教师自身也应当提高对职业精神的重视，加强自我教育，严格要求自己，在工作中逐步提升自身的职业精神和素养。

（二）为体育教师提供更多的交流途径

高校体育教师的专业化发展历程中，应当促进教师之间的经验交流和心得分享，实现教师之间的优势互补。首先，高校应当促进内部教师之间的互动与交流，为体育教师的沟通与交流创造平台和契机，促进教师之间知识与经验的分享与传播，集思广益，实现思维的碰撞和知识的创新，让教师在彼此交流与相互分享中有所收获和提升，进一步丰富专业知识与技能的储备，提升教学质量和水平，实现自我的完善与发展。其次，还应当促进体育教师与外界的交流与互动，实现信息的传递，促进学术交流的开展，为教师的科学研讨提供资金与条件，积极促进教师参加相关的专业性研讨会，及时更新教师的专业知识和资讯信息，学习他人先进的教学方式与手段，借鉴他人优秀的经验，有效地促进本校教师知识面的延伸，开阔教师的视野，最大化地提升教师的专业水平和素养。最后，在此基础上，将信息技术广泛地运用在教学活动中，体育教师也应当与时俱进，积极利用网络媒介来实现专业信息的获取与收集，利用博客、论坛等途径与教育专家以及同行展开深度联系与交流，实现共同进步与发展，提升自身的专业素养。

（三）积极开展教研和科研活动

教研与科研活动是促进体育教师专业化发展的重要途径之一。首先，高校体育教师应当对自己的教研与科研水平提出较高的要求，积极投入教研与科研工作中，寻找和把握科研机会，主动申报和参与。通过有效的参与，对教学工作进行深入的探究与思考，从而对体育教学的专业性知识有更加深入的理解与认识，得出专业性的结论和成果，并运用到实践教学工作中，将研究成果和实践工作有机融合，对教学方法和测量室进行优化与改进，促进教学质量的提升以及专业水平的提高。其次，在教学研究的过程中，对以往的教学工作进行总结和思考，对自身的知识结构与专业技能进行反思和审视，从而更好地实现自身的专业化发展。再次，高校也应当发挥自身的作用和价值，为教师教研、科研工作的开展予以支持和鼓励。尤其是针对部分专业水平有限、教学质量不高的教师，高校需要发挥引导与监督作用，建立促进教师专业化发展的部门或组织，如设置体育教研部等，为教师教研与科研工作的开展提供平台和帮助，为教师规划专业化发展的路线和方案，对教师的工作提供科学的指导。通过专门的部门和组织来为教师的科研工作提供便利，提升教师的专业化思维与能力，提高教师科研的动力与热情。最后，相关部门和组织要最大化发展自身的作用和功能，构建浓厚的专业发展氛围，加强教师之间的合作与交流，让每位教师都能发挥自己的优势与价值，打造团结协作、齐心协力的科研队伍，从而使每位体育教师的专业水平和职业素养得到提升，实现体育教师的专业化发展目的。

（四）优化体育教师队伍

高校体育教师专业化发展过程中，应当积极引入专业优秀的人才，树立榜样和示范作用。挑选教师团队中的学科带头人，积极组织专业教师"传帮带"活动，让专业性强的优秀教师给予专业水平较低教师合理的指导和帮助，尤其是针对部分经验不足的教师，为他们提供更多专业指导、研究提升、交流讨论的发展平台和途径。让优秀教师的教学经验、科学方法、有效手段更好地教授给资历尚浅的教师，促进年轻的教师专业化发展，最终实现体育教师队伍整体专业水平的提升，实现教师之间的优势互补、共同进步。

（五）完善专业考核体系

建立健全专业考核体系是促进体育教师专业化发展的有效途径之一。通过科学完善的考核体制，既能对教师的教学能力和专业水平有所把握和了解，还能激励和促进教师不断地积极进取和完善自我。对于高校体育教师的考核一方面要关注专业教学能力，另一方面还应当注重科研水平和教学质量的考核，有效地改变以往"重教学轻科研"的问题。保障考核可以有效地体现教师的专业发展状况，激发教师专业发展的热情与动力。

二、高校体育教学的学生因素

（一）大学生体育学习需求偏好

1. 大学生体育学习需求偏好的层次

大学生的体育学习需求偏好差异表现在对不同体育学习内容偏好需求：其一，喜欢与同学一起参与体育锻炼的偏好形式；其二，喜欢在下午或傍晚的时间段参与体育锻炼；其三，文科偏向于有健身指导的情况下参与体育锻炼，喜欢一些普及开展的大众体育项目，理科生偏向于无指导的独自锻炼，喜欢球类运动，乐于在体育活动中交友，喜欢新兴、有挑战的体育运动项目；其四，男大学生喜欢参与群体组织的体育活动，喜欢有竞技类体育运动，女大学生喜欢能修饰身体美感或有美感的体育运动项目。综上对大学生体育学习需求偏好的现象分析可知，大学生的体育需求偏好现象是既有由内而外的需求，也有由内及外的需求，呈现着多样化的特点。

大学生体育学习需求不是一个单纯的现象问题，也不仅仅反映大学生对体育场地设施等物质条件的追求，更多反映了大学生体育学习需求与学校供给需求的实质问题，是学校供给大学生的物质和条件能否满足大学生体育学习需求偏好的"供与需"的问题。体育运动的迅速发展、社会对人才的多样化需求，及专业知识、性别、年龄等因素，使大学生的体育学习需求偏好存在多样化的差异。但高校有着比较固定的体育教学任务，且随着户外体育运动、休闲体育运动项目等的兴起对高校体育教学形成的冲击，多数高校把体育教学重点放在为大学生提供体育运动项目和不同的体育运动项目场地，忽视了大学生实质的体育学习需求。所以，高校在花费大量的资金和资源的情况下也没能让大部分大学生获得体育学习需求的满足。

2. 大学生需求与学校供给之间的反馈与应答机制

高校体育教学服务供给大学生学习体育需求服务需要得到反馈和应答才能采取相应的措施实现学校体育教学的最大服务利益。以大学体育学习需求偏好为导向，构建体育教学服务与管理工作反馈与应答机制，使学校与大学生体育学习需求中的"供需"模式真正运行起来。针对大学生体育学习需求偏好现象，高校要分析其需求偏好问题的重要性与迫切性，把握好不同大学生群体体育学习需求偏好的变化，优先解决大学生最迫切需要满足的体育需求，深入了解大学生体育锻炼形式、体育活动时间、最喜欢的体育学习内容等方面的需求问题。在短期时间内，学校体育教学服务与管理机制的供给不能满足大学生体育学习需求的情况下，应优先考虑对课余体育活动的组织的供给，选择开展简易有趣的体育游戏项目活动，调整大学生体育学习需求不足的心态。近年来，大学生体育学习需求受各种因素的影响而膨胀，高校在体育公共服务的投入虽然在不断增加，但由于学校对体育公共资源支配服务与大学生体育学习需求不对应，导致当前高校体育教学模式出现了"学生需要的没给"，"提供给学生但与学生需求不对应"的难题。针对高校当前出现的"供需"不协调统一的现象，应成立学校体育教学反馈与应答机制管理小组，为学校体育教学模式进行服务，搭建新的、与大学生体育学习需求偏好相统一的"供需"教学模式。

3. 学校体育需求供给机制的结构

高校的体育教学服务本应与大学生的公共需求相对应，但由于大学生的体育学习需求偏好存在多样性，使得高校开展相应的体育教学组织管理工作难以开展。因此，应对大学生体育学习需求供给机制的结构进行分析。首先，要从高校的体育教学任务和体育服务及管理能力的角度衡量高校体育教学的服务和管理。高校的体育教学任务在怎样的范围内对大学生提供什么体育需求服务，主要取决于大学生体育学习的实际需求；而"体育服务及管理能力"是指学校的体育教学物质条件和体育教学服务的能力，其中就包括学校的体育教学经费、校园体育场地的优良程度和体育教学水平。其次，根据学校与学生双方的"供"与"需"两个方面体现出来的强弱程度来划分学校体育需求供给机制的结构分析。高校作为"供"的一方，大学生作为"需"的一方，最直接的就是大学生有哪些体育学习需求，学校就提供哪些体育服务，这是体育需求供给结构最重要且最基本的共识。最后，依据大学生体育学习需求偏好的层次性对体育需求供给结构进行分析，即包括体育教学重心服务、体育需求基础服务和体育支持服务。高校体育需求供给机制结构如图1-1所示。

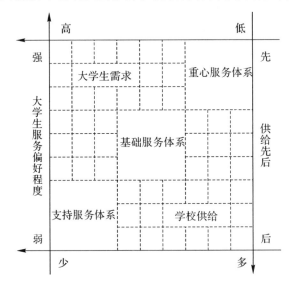

图1-1　体育需求供给机制结构

由此可见，高校体育教学的重心服务体系决定着大学生对体育学习的积极性和主动性；体育需求基础服务是指对大学生参与体育学习中获得体育知识或体育技能的改善与发展有着重要的推动作用；体育支持服务是指开展一些班级体育活动、课余体育比赛等有助于提高大学生体育学习参与水平，支持大学生向全面发展的服务。

4. 建立"供需"统一的教学模式与教学机制

高校的体育教学与大学生的体育学习之间的"供需"是一项比较复杂的工程，唯有从高校和大学生两个主体角度去分析才能更全面地了解到高校体育教学与大学生体育学习需求之间存在的具体问题。下面主要从高校教学模式、体育教学反馈机制与体育教学管理部门的应答机制这三方面对大学生体育学习需求偏好问题提出解决对策。

（1）建立"供需"统一的体育教学模式。高校的体育教学与大学生体育学习之间当前存在的最根本问题是高校体育教学模式与当前高校大学生的体育学习需求特点已经不相符。具体表现为高校提供的体育教学与大学生体育学习需求偏好不相统一，即高校提供的体育教学服务（包括体育课、课余体育活动、体育场地等）没有完全符合高校大学生真正的体育学习需求，因而引发大学生"喜欢体育却不喜欢体育课"等的体育学习消极现象，对大学生在高校阶段的体育学习产生不利影响。因此，为促进高校大学生体育学习，高校应设法对当前体育教学模式进行调整，建立"供需"统一的体育教学模式，使之与高校大学生体育学习需求相统一，激励大学生积极参与体育学习。

（2）构建大学生体育学习需求的体育教学反馈机制。在高校的体育教学中，高校"教"与大学生的"学"之间的连接实际与生物链相似，一旦出现脱节，则会对体育教学的各主体都造成不良影响。高校出现"供需"不统一的主要原因是大学生反馈的体育学习的需求偏好信息没有部门接收，造成高校对大学生体育学习需求的实际情况不知悉；所以，高校则会按照教学计划按部就班地进行教学，以致高校大学生的体育学习态度日渐消极，最终影响体育教学的开展。根据该现状的分析，高校在体育教学方面应成立收集大学生体育学习需求偏好信息的工作小组，负责构建体育教学反馈机制，将"高校→体育教师→体育教学内容→大学生体育学习需求"连接起来，达到相互之间的协同发展。

（3）成立高校体育教学管理部门高效的应答机制。高校体育教学管理部门对体育教学和体育活动的开展有着生死存亡的决定权。学校开展的体育教学内容及组织体育教学活动首先需要教学管理部门的同意才能开展。但由于高校在针对体育教学管理中缺少专门的负责管理体育教学的应答部门，在体育教师或大学生将相关信息向上级反馈之后，需要经过比较繁杂的程序方能审批或回应，导致出现体育教学与体育学习的"双低"效率。因此，在我国大力推进体育改革，强化体育课和课外体育锻炼的背景下，体育教学工作的开展应以促进青少年身心发展为基本目标，以高校体育教学管理部门成立高效的应答机制为重任。

（二）教育生态学视角的高校学生体育管理工作优化

高校学生体育管理工作最大的特征是整体性，通过管理者（教师）、学生和外部环境三者之间的相互联系构成一个整体。高校学生体育管理工作也存在"生态平衡"，生态系统的发展是从平衡到不平衡再到平衡的一个循环过程，所谓的生态平衡只是一种理想的状态。在教育生态学的视角下进行研究，在当今互联网信息交流时代背景下，为保持高校学生体育管理工作的生态平衡，对体育教学、体育活动、体育竞赛和外部环境等方面存在的矛盾予以解决，从而对高校学生体育管理工作进行优化。

1.高校学生体育管理工作主体步入"互联网＋"时代

高校师生应以辩证的眼光来看待"互联网＋"时代对教育带来的影响，从学生管理工作上来看，互联网为高校学生工作提供了广阔的发展前景，更快捷、方便的管理系统、管理模式为高校学生体育管理工作的创新发展提供了基础。但是，高校应认识到网络教学、管理等手段只能作为辅助手段，不能喧宾夺主，过多地依赖网络教学和管理而忽视了高校教育与学生管理的主旨。传统的高校体育管理工作以教师管理为生态中心，学生体育活动、体育教学的完成建立在教师的指导，对教师自身的发展和进步却有所忽略。"互联网＋"时代背景下，教师与学生作为高校学生体育管理工作的主体，教师的管理地位不再是管理的唯一中心，教师管理、教学水平的高低直接影响着高校学生体育工作开展的效果，因此，为了更好地开展高校学生体育管理工作，提升体育工作效果，高校体育工作管理人员必须提升管理、教学水平，充分利用互联网实现管理者自主发展。在互联网环境下，学生也应发展自身在高校体育活动中的自主发展，教师对学生体育活动进行引导、辅助和配合，学生可在教师规定的范围内，发挥学生的自主性，从而实现高校体育工作开展的多样性、个性化和创新性。

2. 优化外部环境，打造"互联网＋"效果

环境因素可以给人的感知和行动提供认知供养。高校体育工作的开展离不开体育运动场所，体育管理工作生态随着外部环境的变化而改变，信息时代使得高校学生体育工作生态系统出现失衡。高校学生体育工作生态的失衡应以生态化环境为依托，不断地优化外部环境，适应互联网的发展要求，才能更好地将高校学生体育工作从失衡向平衡状态的转变。高校教师与学生要善于利用移动互联网，在生态环境中以互联网为依托，不断地发展自身，满足个体需求，学生要不断适应高校"互联网＋"体育环境，充分利用体育生态环境，从而打造高校体育活动"互联网＋"效果。

3. 以"互联网＋"为依托，形成良好的体育管理工作生态

从教育生态学的理论来看，高校作为一个大的生态群落，而各个小生态系统发展对整个大生态群落有着巨大影响。在高校体育工作中，各学院之间的体育竞争即为高校学生体育教育活动的竞争，为保障高校学生体育生态系统中生态循环的良好性，高校学生体育管理工作必须以外部环境为基础，建立以"互联网＋"为依托的体育工作管理模式，对所指定的管理制度进行落实、定期检查存在的问题。高校学生体育管理工作应充分利用"互联网＋"时代带来的便利，从管理者角度来看，应加强教师管理理念的学习，借助互联网手段开展高校学生体育工作；从学生方面来看，纠正学生使用互联网的不良行为，引导学生使用移动设备参与体育活动，提升学生兴趣，充分发挥学生自主性；从外部环境来看，利用互联网营造良好的高校体育活动氛围，优化高校体育外部环境，采用互联网手段包装学校体育外部环境，达到外部环境与互联网的有机融合。只有通过三者的平衡发展才能更好地保障高校学生体育工作生态循环的良好运行。

第二章　高校体育教学的课程内容

第一节　体育教学课程体系构建

一、当代中国学校体育教学内容演进的特点分析

（一）是我国学校体育指导思想的集中体现

中华人民共和国成立后，学校体育教学理论确定了教学指导思想的主要目标是"三基"，即基本知识、基本技能和基本技术，把竞技项目作为体育教学的主要内容。到20世纪60年代，教学内容的发展呈现出多样化，把加强学生的身体素质作为学校指导思想的主要内容；以唯生物观为主的军事体育教学思想又占主要的地位。到20世纪70年代，在指导思想方面，有学者建议教学指导思想应以身体素质的教育为主，在教学内容的选择方面，应该以身体训练为主要内容，但这都没有重视心理和社会素质的养成；到20世纪90年代，以唯生物观为主的体育教学思想向三维体育观改变。进入21世纪以来，提出了教学指导思想以健康第一为主，新课标开始实施，国外出现终身体育、快乐体育的思想，人们才开始关心课程资源的利用问题，对选择健康教育和教学内容的问题也开始了进一步的探索。

（二）与社会需要和教育发展密切相关

20世纪70年代以前，因为国家发展和各领域建设的需要，主要依据社会和国家的实际发展情况来选择教学内容。随着教育和社会的不断发展，每个国家都越来越注重制定教育发展的政策，为了提高人民的素质，选择的内容逐渐以培养学生的素质为主。因此，社会在不同的时期有着不一样的需要，教学思想和教育制度的发展变化，都会对体育内容的改革发展产生影响。

（三）学校体育教学内容选择原则趋于合理

选择学校体育教学内容时要考虑的因素比较多，而应主要考虑的有以下三点：一是我国国情；二是体育教学的基本规律；三是体育教学的目标。要依据一定的规则条件来选用教学内容，选用的内容要有科学性和有效性。在选择教学内容时要从学生发展的角度考

虑，同时还要考虑学校的现实条件。教学内容选择的总原则是以教学目标来统领教学内容。所以，在进行内容选择时，应按照以下具体的原则。

1. 实践性与知识性相结合

体育的本质属性决定了要把知识性和实践性的原则相结合。通过体育锻炼体会快乐，提高身体素质，提升品德和个人修养，这都是通过教学内容来完成的。知识性的原则主要表现在为何这么做、这样做的目的是什么、该如何做等，这都要运用理论思维知识来讲解，在实际中感受掌握。

2. 健身性与文化性相结合

体育教学的健身性是其内容的本质属性，是区别于其他教学的明显特征。文化性主要是指内容要能够促进学生体育价值观和理想的培养，增强对体育的理解。文化性和健身性相结合的原则是指教学内容要同时具有提高文化修养、锻炼身体的作用。

3. 继承性与发展性相结合

继承性的特征是传承优秀的文化遗产，继承文化是批判性地进行选择，应在选用优秀内容的基础上把不合适的内容删掉，与现在社会进步相适应，这也是体育发展性的体现。如当下武术的传承，就体现了体育发展性和继承性相结合的原则。

4. 统一性与灵活性相结合

教学内容是面对全体学生的，教学内容的统一性是指体育教学有共同的准则和标准的目标。然而教学内容也不是完全按照标准来进行的，它具有一定的灵活性，灵活性就是指要根据现实的学生特征和教学的条件来选择教学内容，把灵活性和统一性相结合，才能全面地发展学生的身体和心理素质。

（四）学校体育教学内容选择依据趋向全面

教材内容制定的基本因素为以下三个：社会的发展、国家的经济和为了与发展相适应而对教育提出的要求。体育内容的选择不能超出现有的知识，即要选择人类累积和已探索得到的知识；选择的内容要根据学生心理、身体发展的基本规律，要能促进学生身体和心理的发展。在运用新课程时要想促进学生全面发展，就应把实现终身体育当作核心，学生要了解一些常用的知识，包括体育欣赏和体育训练的知识；在不同的发展期，学生应该进行不同强度的体育锻炼，并在体育锻炼的过程中体会运动带来的欢乐和益处。因此，也可以说这一依据是从实践操作的视角来确定的。在新课标中，教师拥有选择内容的权利，在进行内容选择时，教师应更加了解学生及教学，因此，教师在进行内容选择时的主要依据可归纳为以下几点。

1. 体育教学目标

新课标指出教学方法和内容的选择受目标的完成程度的影响。教师对教学目标进行确定后，就要考虑选用哪些内容来实现它。为了教学目标的实现，应该选择合适的内容和教学手段，由于不同的学习阶段教学目标也不同，所以在进行内容选择时不要只思考年级的目标；教学内容主要是为了实现教学目标的，因此目标不同选择的教学内容也应不同。所以，选择教学内容的第一个依据就是教学目标。

2. 学情特点

了解班级学生的特征是教师上课和备课的前提条件。学情主要包括学生的课堂习惯、体能基础、身心发展特征、运动技能基础、运动兴趣等，在选用内容时，教师要根据学情的特征，结合学生的成长需要，选择合适的教学内容。

（五）学校体育教学内容选择方法逐渐多样化

1. 参考教参法

教学参考书中包含充足的教学内容，都是相关专家为一线的老师选择的内容，这些教学内容很多都是已经教学实践过的、可行的，教师依据现实条件从这些内容中来选取适合的。这样就减少了体育教师选、编、创体育教学内容所用的精力和时间，使备课和上课的效率大大提高。

2. 加工改造法

一线教师在选择教学内容时，会经常遇到书中的内容不符合学情、校情或者内容太简单等问题，教师要对课上内容进行改革，其依据是教学目标。由于社会的迅速发展，体育课上引进了流行的运动，在选择内容时教师要对其进行更改，使学生能够容易地掌握。

3. 开发创编法

新课改实行以后，不同地区的教师开始对民间的运动项目进行开发，获得了丰富的成果，因此，教师在选择内容时，如武术、球类、游戏等，经常要自己编选内容，有时可以让学生自己进行创造性的开发，通过这种方式来锻炼学生的创新能力。所以，老师依据不同的资源编选内容的方式，也是在课堂中选择内容的一个方式。

二、高校体育教学的课程变迁

（一）高校体育教学课程目标的转变

近年来，高校体育课程发展在目标上呈现出社会本位—个人本位—多元化的发展趋势。

进入 21 世纪以后，我国不仅重视身体的健康，而且注重人的全面发展，也更加向多元化发展，强调知识、社会和个人三位一体。在结合前两次体育课程政策的改革下，总结出适合我国实际发展所要走的道路，这样才能更好地把高校体育发展起来，以此体现它的价值。

1. 以社会本位为价值取向的分析

优势方面主要表现为以社会本位为价值取向的课程目标更多的是关注学生的身体素质。由于之前我国的体育课程只是片面地强调体育的工具性，只注重体育知识和技术的传授，导致学生体质急剧下降。因此，我国颁布的高校体育课程政策必然是应优先提高学生的身体素质。

不足方面主要表现为以学生身体素质为导向的教学目标，只适合当时的发展情况，对于高校体育课程的走向是不利的。一方面，在过分强调身体素质和改善健康的前提下，允许学生机械地学习物理知识和运动技能，这样只是达到了片面的教学效果，而没有真正关注学生学习体育课程的兴趣和爱好以及在体育课程学习过程中的内心活动和端正态度的养成；另一方面，在以"体质"为目标的前提下，过分关注体育课程对身体素质的功能性与作用性，从而忽视了体育不仅能够锻炼学生的身体素质，同样也影响着其他方面的养成，如德育、智育、美育等，在一定程度上也影响社会和人的全面发展。

因此，在我国处于恢复时期，体质体育只是过渡时期的产物，随着社会快速的发展，必然要改变课程目标以适应当时社会和人们的发展需求。

2. 以个人本位为价值取向的分析

随着中国继续探索高校体育课程的发展，学校教育尤为重要。在漫长的发展历程中，世界各国都在争相发展，所以我国也必须提高综合国力以适应当前形势的发展。

优势方面主要表现为中国在这一时期颁布的指导方针。此方针考虑到学生的年龄和性别特点，以及该地区的地理和气候等条件，制定了适合这一时期大学水平的体育课程。这些做法逐渐体现出个人本位的价值取向，这一目标对学生的培养也奠定了一定的基础，根据学生的需求来制定课程，以学生为个人本位的价值取向日渐凸显。

不足方面主要表现为高校体育课程政策的颁布。一方面限制了学生多样性的选择，为了使学生按照学校提供的课程进行学习，只能限制学生的兴趣发展；另一方面，课程的目标缺乏递进性，没有区分大学生与中学生的指导思想，缺乏针对性，使学生的兴趣没有得到更好地发展。

因此，人本主义的价值取向依然不能适应飞速发展的时代，在前进的步伐中仍然需要探索与改革。

3. 以多元化为价值取向的分析

优势方面主要表现为以下几点：其一，强调人的主体地位，学生是一个完整的、独立的人；其二，在国际市场竞争激烈的背景下，人才的综合实力才是国家竞争的核心内容，培养全面发展的人才是大势所趋，也是个体能够胜任新时代发展变化所必须具有的能力，每个人都应充分发挥主观能动性和创造性，为社会做贡献，实现和成就人生价值；其三，重新定义高校体育课程的功能，认识高校体育课程的价值，深入挖掘和实现高校体育课程对学生的积极作用。体育课程不仅仅是为了提高学生的身体素质，更提高了学生的社交适应能力，这是其他课程无法达到的高度。

不足方面主要表现为要考虑我国社会生产力；从学生个人角度出发不能为学生提供良好的基础。

因此，高校体育教学不再单方面以课程目标为重点，而是走向全面发展以达到适应社会的目的，这是一次大的跨越，也是时代的进步。

（二）高校体育教学课程重心的转变

高校体育课程发展的重心呈现出从注重"三基"到提倡终身体育思想的发展方向。

1. 强调"三基"的分析

优势方面主要表现为中华人民共和国成立初期，学生体质下降，国家正在努力提高学生的身体素质。在当时的背景下强调"三基"，可以有效地提高学生锻炼身体的意识。

不足方面主要表现为一方面，当时国家制定的高校体育课程政策对体育功能认识不足，除了体能的发展外，还提高他们的社会适应能力的功能，从而忽视了体育功能的多样性；另一方面，单一强调"三基"，极大地限制了学生的全面发展。在制定政策时，我国从课程目标、课程内容和课程评价等方面都未能摆脱"三基"的影响，学生没有得到充分发展，势必会对社会发展造成一定的障碍。

2. 提倡终身教育的分析

当今社会日益发展，人们的思想观念也在不断发生变化。过去只注重学生的体质和体能的思想，已经不能满足当前社会下人们的需求了，因此，便提出了终身教育思想。

优势方面主要表现为以下几方面：首先，随着终身体育思想传播开来，高校体育领域不断扩大，不再只是重视学生的体质问题。从重视"三基"的教学模式发展到既要重视生物学领域的"三基"，又要重视终身体育所要求的心理和社会适应两方面的素养养成，只有这样才能使高校体育功能呈现多样化，才能培养适应社会发展新要求的人才；其次，政策提到提高体育文化素养已成为主要目标，它不仅是以知识技能为根本，还要将关注终身体育的身心素养作为主导思想，这样不仅突出体育功能和体育文化素质，同时还以教育人为最高指导思想，突出了体育课程文化素养；最后，基于运动的课程正在朝着终身体育的理念发展，可以说，终身体育的发展是非常有意义的，也不断对其进行了新的诠释。为了改变过去的旧观念，学生不仅要有良好的体质，还要有积极锻炼的意识，二者相统一，才能更好地体现终身体育的思想。高校体育课程打破了旧的思想观念，提出不应只局限于学生目前的状况，还应把视野放到更长远的未来，在培养学生运动意识的基础上，注重学生的情感体验与个性发展。结果固然重要，但过程是结果的必经阶段。在过程中，学生更能了解自身的情况，根据自身的需求，选择相应的课程，并能将终身体育的思想贯穿其中，让学生充分发展成一个完整的、独立的人。政策还提出体育教学要从课程性质、课程目标、课程结构、课程内容、教学方法和课程评价等方面进行，这也体现了应倡导终身体育素养的指导思想。

不足方面主要表现为虽然提倡终身教育对教育的发展是有利的，但仍存在着一些不足，在国家大力推崇终身教育的同时，学校已不再是唯一的受教育场所，多样的受教育渠道应运而生，而学生在学习阶段还不能正确地识别不同渠道的学习是否对自己有利。

（三）高校体育教学课程取向的转变

规定体育课程基础教材包括体育基础理论知识、健康知识，以及体操、球类运动、武术比赛等体育项目。当时的高校体育课程政策主要是分学科性质的体育教学，只是机械化地学习国家规定的课程，内容单一，对学生的主观性没有太大的发挥。

在教师的指导下，学生应该有选择课程内容的自由，并且可以选择自己的老师以及自己的时间。国家把学生放在了主体地位，开始逐渐从学生需求出发，尊重学生的意愿，使学生进行自主选择，此时高校体育教学课程取向从学科本位到个人全面的发展。

1. 学科本位的分析

学科本位思想根深蒂固，不可能在短时间内改变。以学科为中心的课程理论强调学科知识的基础，可见，对我国高校体育课程的直接影响主要集中在传授基础理论、基础知识和基本技能上。其中，基本功的定位是导向，其影响更为深远。

优势方面主要表现为重视学科性标准的价值取向是学科的重要性，学科优先，能形成完整的学科体系。学科知识丰富，可通过指定科目让学生学习文化知识，以此来为我国的发展培养后备人才。

不足方面主要表现在课程内容上，教师是知识的传授者，使学生被动地接受知识。在整个教学过程中，教师掌握整个教学过程，学生只有机械的学习和吸收；在课程实施方面，教师仍然是中心，学生被动接受知识，失去学习的主动性，学生的创新型思维和创造型能力也被压制；在课程评估中，只考查学生的技能和技术，忽视了学生在其他方面的表现。

2. 个人全面发展的分析

学术规范对当时的历史背景和发展形势起到了积极的推动作用，但随着时代的进步和科学技术的发展，学科本位已经不能很好地起到引领作用了，以人为本的思想逐渐替代了学科本位。

优势方面主要表现为个人全面发展的指导思想就是以人为本，教学主体由教师转向学生，以学生为主体，教师为主导的核心理念受到推崇。学生是学习的主体，是具有独立思维与能力的个体，无论在知识的获得还是技术、技能的掌握方面，教师都无法代替学生，也不能直接灌输知识，应该由学生主动设立问题，然后在教师的引导下去解决问题。因此，在设置高校体育课程时，学校应该重视学生的兴趣爱好和年龄特征，培养学生的主动性和创造性，尊重学生在课程中选择课程的能力和完成能力；正确对待学生在学习过程中的个体差异，根据学生的特点，制定符合学生个体发展的教学内容，并且鼓励学生积极参与学习过程，体验学习的乐趣，这样才能培养创新型综合性人才。通过这样培养出的人才不仅身体健康，在心理承受能力和社会适应方面也能得到很好地锻炼，使其能够全面发展，也比较符合当今时代的主题。

不足方面主要表现在社会飞速发展的今天，人才的培养已是国家所需，也是时代所需，但在个人全面发展阶段和社会多元化趋势的影响下，培养教师数量和质量上是否能够跟上社会发展速度？我们只提倡学生的全面发展，而忽视了教师作为主导力量同样也需要全面发展并跟上时代步伐，所以优秀教师的缺乏也是我们面临的主要问题。

第二节　高校体育户外运动课程

一、户外运动课程概念

户外运动课程不同于以往的体育课程，它虽然也是体育课程的一种，但属于现代新兴的体育运动方式。由于户外运动课程在每个国家的发展历程不同，各个国家国情也不尽相同，因而每个国家对于户外运动教育课程的重视程度和开设目的也各不相同。各个国家对户外运动教育课程界定也各不相同，有的学者从户外运动教育课程的教育性去定义，有的学者从户外运动的课程内容去定义。总之，关于户外运动教育课程的定义众说纷纭，但较为统一的说法是户外运动课程是在户外进行的，以户外运动的理论知识和运动技能为教学内容，以提高学生身体素质和心理素质为教学目的的体育课教学内容的总和。

依据以上有关户外运动课程界定，本书将户外运动课程定义为立足于基本国情，结合我国当前课程改革的进程，以户外自然环境为活动场所，以学生身体活动为基本手段，以特定的户外运动知识和户外运动技能为教学内容，根据学生实际情况而制定的，有利于促进学生身体健康、提高运动技能水平、培养良好的运动习惯，帮助学生树立正确价值观为根本目的的教育内容总和。

二、高校户外运动课程内容

户外运动课程内容体系主要由理论课程、实践课程和综合课程三部分构成。理论课程包括户外运动概论、户外运动组织与管理、定向与攀岩运动、户外医学、户外运动食品与卫生、户外运动装备、户外自救与求救等内容；实践课程主要体现在身体、心理、技术和技能四个方面的内容，而综合课程的实施是在拥有丰富的理论知识及相关的实践课程的前提下，运用综合训练、生存挑战赛的方式来检测与评定学生的户外运动技术技能水平。

三、高校户外运动教学体系构建

（一）高校户外运动教学体系构建的可行性与必要性

1. 可行性

高校的地理位置普遍具有一定的优越性，校园周边自然资源丰富，这为高校户外运动课程体系的建设奠定了基础。在教育教学过程中，高校可适当开发自然资源，增设户外体育教学项目，逐步推动户外运动在高校的普及。除自然资源优越外，高校在师资、技术、经验等方面也具有优势。高校具有专业的体育教师，教学人员有丰富的教学经验，高校拥有种类齐备的教学器材以及场地等，能为学生提供一个相对理想的体育训练环境。在推进户外运动教学体系构建过程中，高校还可与相关的俱乐部合作，共同建立人才培养模式，进一步壮大师资力量，提高教育教学水平。在安全问题方面，高校可根据自身实际情况，建立健全包括户外运动法则、户外运动安全教育、户外运动应激救护、户外运动监督预警等在内的安全体系，有效规避户外运动安全风险，为户外运动教学工作的开展奠定良好基础。

2. 必要性

培养户外运动专业人才是保障我国户外运动科学、健康、持续发展的基础。当前，高校将户外运动融入整个体育教学体系，对学生、社会以及国家具有重要意义。相较于传统的运动训练项目，户外运动融合了更多的知识与技能，能有效培养学生的能力与素质，促进大学生身体素质、心理素质，以及其他优良品质的提升与发展。在高校开展户外运动教学，可以为学校、国家培养出从事户外运动教学、实践、训练，或进行户外科研的人才。

校内体育运动比赛项目较少且比较固定，但在增设户外运动后，比赛项目将会增多。学生的比赛选择更加多样化，进行体育锻炼与比赛的兴趣也更为浓厚，同时也能从体育锻炼以及比赛中学到更多知识与技能。

开展户外运动有利于满足学生学习发展需求。在高校体育教学中，学生是主体，学生的需要对体育教学体系的构建、体育课程的完成具有重要作用。当代大学生的体育需求是多样的，他们不仅希望能掌握传统、常规体育项目的技能，还希望掌握更多的户外运动技能，因此将户外运动融入高校体育教学体系，在高校建设户外运动教学体系有利于满足学生学习与发展需求，有利于促进大学生能力素质综合发展。学校以学生的实际需求基础上开展户外运动课程是推动高校体育教学发展的重要措施。

（二）高校拓展训练户外运动教学体系构建要点

1. 把握科学性原则

在选择户外运动内容时，应当把握科学性原则。科学性原则是高校户外运动课程内容体系构建的关键性原则。户外运动课程内容的构建必须符合教学大纲要求和教学活动规律，在构建户外运动教学体系时，需准确把握体育教学的目标、要求与发展方向，结合学生学习成长需求合理选择户外运动课程内容，确保选择的教学内容既与课程自身的规律相符，又与大学生的身心特征相符，有效满足大学生学习发展要求。

2. 确保学生身心安全

相较于普通的体育教学活动，户外体育具有一定的特殊性、风险性，在运动项目开展过程中，天气、地形地势等均有可能对大学生的人身安全造成威胁。因此，在选择户外运动内容，构建户外运动课程体系时还需要把握安全性原则。高校开展户外运动教学的主要目的是增强学生身体素质、锻炼学生意志品质、促进学生能力素质综合发展，而实现以上教学目标的前提在于保障学生身心安全。为此，高校要将安全保障体系纳入户外运动教学体系之中，要有效识别、预见与防范户外运动中的各类潜在风险，尽可能减少或避免安全问题的发生，确保学生身心不受损害。在教育教学过程中，户外运动课程的任课教师以及相关人员应对运动风险做提前的分析与预测，并根据预测结果采取相应的防范措施，从而实现对安全风险的有效控制，实现对学生的有效保护。

3. 要满足实用性原则

户外运动课程又被称为"体验式"课程，它兼具体育锻炼与休闲娱乐两种属性，因此从性质上来讲，户外运动有别于高校的体育运动课程。因此，高校一定要根据实用性原则构建户外运动教学体系，让户外运动的功能作用得到充分发挥。具体来说，在推进户外体育教学体系构建过程中，应当从户外体育项目所蕴含的知识性、技术性、思想性等多方面考虑，确保选择的户外体育运动项目既有利于学生身体素质提升、体育技能发展，又有利于学生知识视域拓宽、逻辑思维发展，还有利于学生心理素质的增强。高校的户外体育课程要让学生能学到更多的户外技能，能更好地走进社会、融入社会。

4. 户外运动教学要不断发展

教育在不断发展变化，高校在构建户外运动教学体系时，也应当确保课程的发展性，要能结合实际情况不断更新标准与内容，不断优化技术与方法，要确保课程能有效满足学生学习发展需求。作为高校体育教学体系中的重要组成部分，户外运动不能一直局限于传统的拓展训练以及简单的登山、露营等项目，需不断在内容、形式等方面发展创新，适当组织开展一些挑战性较大的体育运动项目，不断促进户外运动教学体系健全完善。

（三）高校户外运动教学体系构建策略

1. 完善户外运动课程体系

（1）增加课程开设、合理安排课时。户外运动教育课程对于解决我国当前大学生的体质和健康问题有着极其重要的作用，其中，户外运动教育课程的开设情况以及课时的安排对户外运动教育课程的影响极大。为此，户外运动教育课程需从实际出发的基础上，促进户外运动教育课程的发展与推广，将户外运动课程引入各个高校，且主要以必修课的形式开展，为广大学生接触户外运动教育课程提供机会和平台；同时，必须增加户外运动教育课程的种类，让学生能够更深入和全面地了解户外运动教育课程，挖掘出户外运动教育课程的潜在价值；此外，适当地增加体育课的课时，并依据学生实际情况，合理地分配课时。

（2）制定科学合理的课程教学目标。户外运动教育课程目标是户外运动教育课程的核心要素，各高校对于户外运动教育课程的课程目标设置都比较有针对性，根据课程形式和授课对象的实际情况来制定相应的课程目标，较为科学和完善，但其实际课程目标达成情况并不理想。因此，各高校应当从课程目标的实施者、实施过程以及实施方法和课程学习者等方面去找寻课程目标达成不理想的原因，进而提高课程实施者的专业素养、完善实施方法、提高课堂效率，以提高户外运动教育课程目标的达成率。

（3）科学地选择教材和课程内容。体育课程内容选择的最终目的是实现体育课程目标的要求，各高校应当系统地安排户外运动教育课程的内容，注重课程内容的延伸性和明确性，确保学生可以全面地、深入地掌握户外运动教育课程的相关知识。

（4）建立多元化的户外运动教育课程评价主体及评价内容。其一，丰富户外运动教育课程的评价主体，仅靠学生和教师的评价，只能对课堂上的教学情况做一个即时的反馈。而户外运动教育课程对学生其他方面的影响却无法评估，因此户外运动教育课程的评价主体应当延伸至家庭、社会等方面，将社会力量引入户外运动教学评价体系中去，充分利用社会各界的力量去监督和完善户外运动教育课程的评价体系。其二，完善户外教育课程评价内容，学生是多元化的，因此户外运动教育课程评价内容也应多元化。要综合考虑学生对理论知识、运动技能的掌握情况，关注学生的身体和心理发展情况，将其纳入考核范围内。其三，监督和落实户外运动教育课程的评价实施情况，课程评价各个环节实施到位。

2. 全面提高学生对户外运动教育课程的参与度

（1）提高学生户外运动教育课程参与度。整体上学生对于户外运动教育课程的参与情况与其对户外运动教育课程的了解和喜欢程度呈正相关，所以要提高学生对户外运动教育课程的参与度，需要注重对学生户外运动教育课程兴趣的培养。学校可以加大户外运动教育课程对学生理论知识的教授以及兴趣方面的培养，提高学生对户外运动的认识和了解，并逐渐喜欢上这项运动，进而参与户外运动教育课程。此外，高校可以通过举办户外活动，举办户外运动知识讲座，让学生通过更多的途径接触户外运动，激发学生参与户外运动教育课程的兴趣。

（2）提高学生户外运动教育课程竞技参与度，使课程与比赛相互促进发展。比赛对于推广和普及户外运动教育课程有着重要作用，同时，通过比赛可以促进学生户外运动技能的提高；而户外运动教育课程的发展，也可以促进比赛的开展。由此可见，户外运动比赛与户外运动教育课程相辅相成、相互影响。为此，各高校可以联合举办赛事，既能促进学生关于户外运动的交流和沟通，又可以以此来吸引广大学生参与其中，激发学生的运动兴趣。高校的户外运动社团以及学生会等户外运动的相关校园组织，应当积极向学校有关部门申请组织比赛，以在学校的支持下开展各种赛事；学校与校外社会户外运动组织如俱乐部、协会等组织合作举办一些赛事，同时与社会组织建立合作关系，为学校户外运动专业的学生提供实践机会。高校应积极组织学生去校外、省外甚至是国外参与一些大型户外运动比赛，让学生了解整个户外运动行业的现状，使学生在与外界进行比赛交流中认识到自己的不足，并学习借鉴他人的可取之处。

3. 加强师资软件力量建设，构建科学合理的教学团队

户外教师是高校户外运动教育课程的重要组成部分，户外教师的专业素质、教学水平对于户外运动教育课程的教学效果有着重要的影响。此外，教师的教学水平直接影响学生对于户外运动专业知识和运动技能的掌握情况。可见，户外教师对于高校户外运动教育课程的发展有着重要影响。为此，高校应当根据户外运动教师队伍的实际情况制订相应的户外教师培养计划，安排教龄长、经验丰富的老教师带年轻的新教师，使年轻户外教师可以在最短的时间内学习掌握户外运动教育课程的教学技能。同时，高校需要引进国内户外运动教育课程的优秀教师，并在优秀教师带领下，组建一支高水平、高素质的专业户外教师队伍，使户外运动教育课程的教师们可以及时地进行教学方面的沟通和交流，相互指出不足和借鉴对方优秀的地方，进而共同进步，提高户外运动教育课程的教师整体水平。此外，根据户外教师不同的专业情况安排相应的进修课程，弥补其不足，并丰富户外运动教

师队伍的教学经验，提升他们的教学水平。

四、高校户外运动课程风险管理

（一）加强对户外运动风险的认知

在户外运动中，大学生的学习压力可以得到有效释放，但是在户外运动过程中充满危险，很多高校大学生往往意识不到户外运动中的风险，对自身能力、知识有着极度自信，并且一部分大学生缺乏合作精神，抗压能力也较差。因此，高校应当加强学生对户外运动的认识，邀请专业的人员到学校讲解，让学生认识户外运动的危险性，转变思想观念。

（二）加强对高校户外运动事故责任追究

为了保证户外运动在高校内的健康发展，应当加强高校体育安全管理工作。在户外运动之前要确定好相关教师责任，一旦出现户外安全事故，第一时间进行责任追究，提升教师的责任感，更好地完成教学任务。

（三）建立安全保障制度

学生在体育教学中经常会出现一些意外，轻则出现擦伤、拉伤等，重则可能造成骨折等。在户外运动中发生严重事故的概率将急剧增加，为了有效减少在户外运动中出现各类事故，更好地保障学生的生命安全，应当完善应急预案和安全保障制度。

（四）开展户外运动预防工作

在高校户外运动风险管理中应当事先对户外运动进行评估，分析其可能存在的风险，从而采取不同的处理方式。回避风险是指当风险概率过大或者后果严重时，采取回避措施，直接放弃或者改变户外活动计划。但是采取回避风险也存在一些劣势，首先，不能使户外活动参与者完成活动目标。其次，采取回避风险之后会付出昂贵的机会成本，高校户外活动中存在巨大的人身安全风险，要想完全避免风险，只能是取消一切户外活动，但是这样的做法也会失去户外运动中的有利一面。最后，为了避免变更或者取消计划，会产生极大的浪费。在组织户外运动中，会调动大量的资源，但是为了回避风险，导致之前的投入全部浪费。

综上所述，回避策略的实施适用于高校户外运动风险的三种情况：一是特定风险造成的损失较大，此时应当果断放弃或者改变计划；二是通过其他策略所需的成本大于产生的收益；三是损失严重并且无法获得补偿的风险。

第三节　高校体育教学课程中的方法及应用

一、合作学习法

合作学习法是指学生在小组或团队中为了完成共同的任务，有明确的责任分工的互助性学习形式。

（一）合作学习理论基础

1. 构建主义理论

构建主义理论认为学习是一个获取经验的阶段。学习者可以借助认知来学习新的知识，同时将其融入原有的知识体系中。知识学习的方法和学习者原有的经验有很大的关系。在相同的学习情况下，学生学习相同的新知识，会得到不同的理解和结果。构建主义理论重新阐述了学生和教师的关系，它认为学生是知识的学习者，课堂中应看重学生的地位，教师从主导地位转变为辅导地位。教师应当积极创建轻松的课堂情境，提高学生的学习动机和参与度，促进学生掌握新的知识。

学习者通过交流和沟通，进一步加深对知识的理解，通过师生或生生交流，从不同层面认识并解决问题。教师积极倡导合作学习，将合作学习放置在相应的课堂中，然后进一步学习更深层次的知识，学生之间的交流冲突更有利于对知识的理解。

2. 动机理论

动机是引起、维持个体行为并使行为朝着某一目标进行的内在动力。美国认知教育心理学家认为动机是促进有意义学习发生和保持的内驱力。童年期，学习动机主要来源于取得优异成绩得到家长认可；少年期，学习动机从追求家长认可逐渐转向得到同龄人的认可和赞扬；青年期，伴随认知内驱力增强，学习者在情感上会强烈期盼成功，享受获得成功后的满足与愉悦。

合作学习中激发动机最有效的手段是帮助组内个体间建立"利益共同体"的关系，使小组成员之间相互尊重，荣辱与共；合作过程中的及时反馈学习进展情况和学习结果，适当运用奖励与惩罚，也有利于激发学生的学习兴趣和合作愿望，使学生的认知与情感协调发展。

（二）合作学习构成要素

在一些课堂环境中，合作学习法被认为是一种精心设计的教学模式。事实上合作学习法有五个关键因素，即积极的相互依赖、强烈的个体责任、面对面的互动、人际关系处理能力以及小组自评。

1. 必不可少的相互依赖

合作离不开依赖，合作小组为了完成共同的学习目标，小组成员之间密切联系、相互帮助、共同努力。

2. 个人责任

个人责任是教师分配给学生的学习任务。教师会对学生的具体表现进行评价，这样每个学生才能知道自己对小组的存在有着不可忽视的作用。

3. 面对面的互动

积极的互动是由必不可少的相互依赖产生的，是学生为了完成学习任务而付出的努力。

4. 人际关系处理能力

通过学习任务来培养学生的人际交往技能和小组技能，包括倾听、分享决策、承担责任、学会给予和接收反馈、学会互相鼓励。

5. 小组自评

小组自评是指小组成员对某一项学习活动的评价。学生会反思小组活动是否存在意义，反思小组活动是否能继续进行。

（三）合作学习法的原则

1. 主体性原则

所谓的学习其实就是在老师的指导下，学生们有计划、有目的地接受新的知识技能。在学习的过程中，教师只是在旁仔细观察并不做详细的指导，在必要时刻才会对学生进行辅助指导。换句话来说，就是教师让学生自主安排学习，而不是一味地听从教师的具体安排，让学生们在学习的过程中充分展现主体性和主动性，相互帮助、取长补短，从而促进学生共同进步。

2. 全面性原则

素质教育的对象是全体学生，学生之间存在着不同的差异。素质教育要求在学生原有的基础上提高学生的能力，并全面发展学生。所谓的全面包括学生的身体、心理等方面。在教学过程中运用合作学习法一定要考虑到每个学生的具体差异，然后再进行分组学习，这样才能让学生得到进步。

3. 适当性原则

教师在上课前一定要做好充足的准备，不仅要提前备好教案，还要准确地了解教材和学生的个体情况。因为充足的准备可以让教师掌握学生的总体情况，这样才能有效地进行分组。在分组后，要根据学生的实际情况设定学习目标，既不能高于学生的实际水平，也不能过度训练，每个教学环节应该紧密相扣，逐步提高学生的学业成绩。

4. 动态性原则

动态性原则指的是教师不能随意地将学生分组，在分组的过程中会出现不同的问题。因此教师要根据实际情况调整分组，最大限度地体现出分组的优势，以达到最佳的学习状态。从其他层次上来看，教学活动具有动态性，教师在教学的过程中要根据所碰到的不同情况进行调整，做到统筹兼顾。因此教师在教学过程中一定要正视"动态性"的特点，这样才能始终做好准备。

（四）合作学习的基本方法

1. 学生小组成绩分工法

学生小组成绩分工法就是由 4 名学生组成一个学习小组，具体的教学步骤是老师集体讲解课程，随后学生组成合作学习小组，通过相互合作的方式进行学习；然后对全体学生进行测试，在测试的过程中，不允许他们互相帮助，学生所得分数与他们之前测试的平均分做比较，将他们超出的分数来计分，这也可以叫作提高分计分机制；最后把每个组的个人成绩相加为小组总成绩，总成绩达到教师所设定标准成绩即可获得表扬和认可。整个活动所耗费的时间通常要 3～5 个课时，这种合作学习方法就是鼓励学生主动参与，通过相互合作的方式来掌握知识和技能。如果学生想要获得老师的认可和表扬，他们就要通过相互合作的方式掌握学习内容。学生通过合作学习获得的成绩不是和别的同学的成绩做比较，而是和自己原来的成绩相比较，所以小组成员都有胜利的可能。

2. 小组—游戏—竞赛法

小组—游戏—竞赛法和学生小组成绩分工法一样，都有教师集体讲课和学生合作学习。区别在于它用每周的比赛代替了测试，每个星期各小组之间都要进行比赛，争取让自己的小组获得胜利。例如，学生以 3 人为一小组进行比赛，比赛的对手是与自己本身学习程度相当的同学，这种竞赛法对于学生来说就体现出了公平性。

3. 小组辅助个人法

小组辅助个人法是由 4 个不同水平的学生组成的小组，然后对成绩达标的学生加以表扬的一种方法。小组中的学生完成自己的学习任务后，会根据正确答案进行检查和批改，如果碰到困难会共同解决。然后学生就可以参加测试，此时不允许小组内的学生互相帮助，需独立完成。最后由班长进行批改和评分，教师每个星期都要记录学生完成测试的成绩以及超过标准分学生的姓名和人数，哪个小组的达标成绩较多就奖励哪个小组。

(五) 合作学习法的应用

以高校体育标枪教学为例。

1. 合作学习设计

(1) 确定合作学习目标。认知目标：拓展与学期教学内容相关的基础理论知识，改进和完善项目技术，提高运动成绩；认识合作学习的意义和价值，明确合作学习共同目标，个体责任与义务，理解同伴关系，合作行动以及小组制定的规则。

情感目标：体验通过合作达成学习目标的情感促进；使学生对课堂气氛，合作学习过程与结果都有较高满意度；促进良好个性的形成。

技能目标：能熟练运用讲解、示范、教学组织、观察纠错等课堂教学技能，学生从"学会"到"会学"再到"会教"；培养学生的合作意识和合作技能，从合作小组到整个教学班呈现和谐的人际关系和较高的团队凝聚力。

(2) 合作学习分组。分组原则：为保证合作的连续性和有效性，分组应遵循"组间同质，组内异质"与"动态分组"相结合的原则，根据教学目标、教学内容将运动技术水平和能力各异的学生分在同组，确保每个合作学习小组的组成相对稳定合理。

2. 合作学习在标枪教学中的进度安排

标枪教学的具体进度安排如表 2-1 所示。

表 2-1　标枪教学的进度安排表

标枪教学顺序	学时分配
握枪与原地插枪	1
原地投枪（最后用力）	1
上步投枪技术	1
交叉步投枪技术	1
引枪交叉步	1
投掷步衔接技术	1
短助跑投枪技术	2
全程助跑投枪技术	3
考核	1

3. 结合标枪教学内容讨论合作学习的应用

(1) 持握枪合作学习教学的应用。交流是人与人之间的信息交换，有利于加强对技术动作的理解。教师会集体讲解并示范标枪的两种握枪方式，即普通式和现代式。讲解示范以后要求学生集体做持握练习，教师会巡视观察练习情况并纠正错误动作（教师反馈）。

随后分组练习时，会有小组长进行专门指导练习并检查动作是否正确（学生反馈）。最后会挑选其中一个小组进行展示并让学生点评（学生反馈），不仅活跃学生的思维，还强化学生的语言表达能力。通过多次练习和多向反馈，有利于学生掌握技术动作，更重要的是可以培养学生的合作能力。

（2）投掷步技术合作学习教学应用。在学习引枪时，教师边讲解动作要领边示范，随后学生集体练习，教师指导纠错。然后再进行分组练习，由小组长进行指导练习。最后小组展示由其他学生进行点评，教师加以补充。集体练习时教师会针对学生的问题进行及时指导（教师反馈），学生再进行个人练习（自我反馈）。在分组练习和小组展示时，学生相互指导相互帮助（学生反馈）。引导学生在引枪的过程中要控制好枪，保证枪的纵轴与投掷方向一致，枪身不能离人体太远，持枪手也不能过低，标枪与地面的夹角也要适中，动作要平稳自然。小组长指导着组员一起进行练习，学生们加强了对动作技术的理解，同时教师在小组练习时来回巡查纠正，让学生及时获得反馈，进行更细致的分析，能进一步思考和解决所碰见的问题。在小组展示的过程中，学生会表现得更加热情。

（3）全程助跑投掷技术合作学习应用。在学习全程助跑掷标枪技术前，教师会先进行示范讲解投掷步技术（教师反馈），然后让学生们进行集体练习，针对在集体练习中所出现的共性问题进行集体指导。随后在分组练习的过程中学生应注意投掷步的节奏。掌握了投掷步技术，才能让学生学习全程技术。由教师喊口令，学生听取指令进行集体练习。集体练习完毕再进行分组练习，由小组长统一指导练习，提醒学生们要注意跑速，不要忽快忽慢。左脚踩到标志点时要积极地引枪并控制好枪，将标枪投出时左腿要有力地支撑，保持动作的连贯性，同时手臂要贴近耳朵。在随后的小组展示中，学生通过观察小组技术动作进行点评和反馈，学生可以直观地感受动作中存在的问题。

4. 合作学习的实施

教师在上课前应宣布本节课的教学内容、技术难点和重点，以及要达到的合作学习目标。合作学习目标主要包括认知目标、情感目标和技能目标。教师先集体讲解和示范动作技能，学生集体练习，教师逐一进行指导和纠错。然后根据学生的学习能力和技术掌握情况合理分配学习小组，每组五名同学，每组中技术较好的学生担任小组长，其余学生为练习者。小组长负责指导和纠正练习者，给予练习者们及时的信息反馈，练习者负责认真听取小组长的反馈信息，改进动作。学生之间的合作包括组内合作和组间合作：组内合作是小组长指导小组成员练习，并纠正动作技术，然后小组练习；组间合作是由一组集体展示，其他组纠错。

师生合作包含小组指导和全体指导：学生在进行小组活动时，教师要在课上来回巡视。若发现各组碰到了技术问题，教师要及时地进行指导，纠正小组成员的错误动作。在教学活动中，老师发现全体学生有一样的技术问题时，应立刻中断各小组练习活动。针对这个共性问题进行集中的讲解和示范，防止学生继续练习错误技术。基础部分结束后，每个小组都要进行小组展示，这样教师才能检验合作学习的教学效果，通过展示后将各小组的表现情况作为奖励和认可的依据。教学评价先由各组的小组长去点评本组成员的学习表现，告诉他们在练习的过程中存在哪些不足之处，对于那些表现好的同学则给予表扬，然后每个小组再相互点评其他小组的学习表现，小组共同进步，最后教师点评整体的练习情况。点评完之后教师要布置课后问题以及告知下堂课的教学内容。

下面以学习原地投枪技术（第一次课）为教学内容的课堂教学为例设计合作学习法教学步骤。

合作学习目标：掌握原地投枪技术，体会纵轴用力地鞭打动作；学生对标枪学习有初步的兴趣，同时培养学生的合作意识。

在课的开始部分，明确课的教学内容和教学目标。随机抽问性格较为内向、表达能力需加强的学生，对回答完整的同学进行语言表扬和肯定。准备活动由教师全程带领学生进行热身。课的基本部分围绕技术重、难点进行设计。

在合作学习前，教师会集中示范、讲解，强调重点，引导学生学会从侧面、正面和后面观察技术动作表象。合作学习过程中，教师巡回指导，就技术改进和合作中出现的问题及时提供技术支持，促进学生技术的改进和合作意识的提高。用语言和行为鼓励组员之间互相帮助观察分析、纠正错误动作，在合作学习中体验成功的愉悦，强化学生的归属感和集体荣誉感。合作学习中如果发现学生的动作技术存在共性错误，须立即停止合作学习，召集学生集中讲解示范，然后再分组合作。在课间休息或课的结束部分，组织合作小组展示学习成果，互动交流，活跃课堂气氛，课堂形式与内容也更丰富。

小组合作学习时小组目标的达成须与个人目标相结合，组内合作、组间竞争。技术教学合作学习效果评价采用阶段性评价与学期末结果性评价相结合的方式进行。根据教学进度，任课教师进行随堂技评，为保证评价的客观公正，期末技评由教研室其他教师协助完成，期末的达标测试由任课教师完成。

二、微格教学法

（一）微格教学的发展

微格教学通常又被人称为"微观教学""小型教学""微型教学""录像反馈教学"等，结合现代心理学和教育学理论基础，通过图文并茂的有声技术，步骤明确、层次分明地对学生和在职教师进行教学技能培训的一种科学有效的训练方法。微格教学通常的实施过程是，首先将学习者分成5～6人的小组，在教师的指导下进行10分钟左右的片段性教学并录制下来，然后教师和小组人员一起观察录像过程，同时进行小组人员的研究讨论和评价，最后教师对录像过程做出总结。反复如此，让学习者轮流进行微格教学，在练习、总结、评价中不断提升自己的教学能力以及整体素养。

1. 微格教学的产生

微格教学最早产生在体育圈，在体育教学中，教练为了较快地让运动员学会动作冗长的动作技能，特将一个动作技能分成若干个组成部分，分片段进行教学，最后再将片段的动作技能合成到一起，以期达到预计的目的。微格教学最初主要针对学生和在职教师的培训。

二十世纪六七十年代，教育技术学在第四次革命中产生，其主要是指对教育学习中一些课程资料的设计、开发、应用以及评价的实践与理论，并且可以将文字、声音、教学过程以及反馈评价系统融合到一起，进而可以丰富教学过程、增加学习者的学习兴趣、提高教学效果的目的。在早些时候，一些师范生的教育实习时间短，缺乏一定的教育经验，教学能力偏低，导致不能适应某些教学环境。师范生的师资培训的传统方法不能够很好地提高师范生的教学技能，因此教师培训的现代化、科学化和系统化成为师范教育改革的主要方向。随着时代的进步，一些教育学者相继产生，教育思想百花齐放，教师培训的研究人员试图将教育的技术应用到教育当中。因此在1963年，斯坦福大学的爱伦教授和他的同事在培训教师教学行为方法的基础之上，提出可以由学习者自主选择教学内容，减少教学时间，并用录像设备记录下来，然后与导师一起研究讨论，最后做出相应的评价，以此进一步提高教学效果。这一研究方式得到了广大教师的实践，并在研究分析中不断完善，"微格教学"由此产生。

微格教学是一个具有可控性的学习系统，正是基于这一点，它可以使师范生或者在职教师有可能集中解决某一特定的教学行为和技能，或在有控制的条件下进行学习。

如今微格教学是在不断修改中逐渐完善的。最初微格教学的时间在20～30分钟，并且在练习中会邀请30名左右的学生，其中也有不少的评价指标，而且每项指标都有一定的评价标准，导致最后的评价内容比较多，执教人员往往抓不住重点。因此，爱伦教授和他的同事首先对教学过程的时间进行了修改，尝试改成5分钟，并且利用5分钟讲解一个动作技能片段，而教学中的学生也由身边的同学进行角色扮演，并将人数缩减到4～5人，这样不仅便于操作，还有利于讲解。在此基础之上，爱伦对微格教学的反馈评价提出了2+2的重点反馈模式，即在进行录像反馈时，每位学习者要提出2条中肯的和2条否定性的意见，导师也需要最后总结出2条中肯的和2条否定性的意见，这样不仅限制了反馈的条件，同时也节省了反馈的时间。

虽然说爱伦和他的同事在微格教学上做了改进，但这仍只是微格教学的初级阶段，没有实质性的进展。

2. 微格教学的发展

微格教学目前被公认为是一种有效的师资培训方式。微格教学在 20 世纪 60 年代末传入英国，20 世纪 70 年代传入澳大利亚、新加坡、日本等国家，在 20 世纪 80 年代传入中国、印度及非洲的马拉维、赞比亚等国家。从产生、发展至今，微格教学也不断地在完善改进。

20 世纪 60 年代初，爱伦和同事们明确了微格教学的基本概念、练习手段和学习内容，阐释了一些微格教学的基本含义。例如，微格教学的实践虽然短暂，但是教学过程是人为的创设情境，是一种简化了的、真实的教学课程，传统教学过程的因素都可以在微格教学中体现；同时微格教学的教学目标体现得更加明确，上课学生相对较少，而且在整个教学过程中比较容易操作和控制；微格教学的反馈效果相比传统教学更加及时、明显，以及结合反馈做后续的动作技能录像分析[1]，同时微格教学也强调在教学过程中要注意录像的重要性和教学重点的突出性。

(二) 微格教学的训练内容

微格教学主要是针对师范生和在职教师进行的教学基本技能培训。将教学任务进行分类、分解，从而制定一系列的片段教学，这些片段教学在原理上都与教学功能有共性，并在理论和实践的基础上进行训练。

教学技能在不同的领域也有不同的看法，尚未有一个公认的定义。

技能是"运用知识和经验执行一定活动的能力；通过反复练习达到迅速、精确、运用自如的技能叫技巧"。也有一些心理学家认为："技能是在成功完成某种任务的动作活动方式或者智力活动方式，前者成为动作技能或操作技能，后者成为认知技能或智力技能。"骆伯巍的观点是，技能是在自己拥有的知识前提下，不断地练习，经过泛化阶段、分化阶段和动作自动化阶段的操作系统。教学技能是在"技能"的基础上进行一定的迁移，也就是在一定的环境下完成教学任务，教学技能一般可以通过语言、动作示范、效仿和反馈评价完成。

北京市微格教学教研室经过多年的调查，不断观察学生课堂中的教学行为，将教学技能分为一般教学技能、基本教学技能、综合教学技能、教学技巧四个教学水平[2]。体育教学技能也是同样的道理，体育教师在进行教学时，会将复杂的动作技能进行片段性教学，在课堂中主要采用描述性语言、动作示范、学生练习以及反馈性评价进行动作技能的

---

① ［美］德瓦埃特·爱伦，王维平 . 微格教学［M］. 北京：新华出版社，1996.

② 王凤桐，李继英 . 北京市微格教学研究会丰台教科所微格教学课题组微格教学探索与实践［M］. 北京：北京师范大学出版社，1999.

教学。

（三）微格教学的实施步骤

微格教学自诞生开始，国内外不少学者都制定了不同形式的教学步骤，以期望可以进一步用最好的效果对师范生和在职教师进行培训。比较典型的实施步骤主要是针对动作技能特点，在理论的基础上将其分成不同层次的单个动作技能，并且确定教学目标；教学者根据单个动作技能目标，写出一堂示范课的教学设计；组织学生进行示范课的教学；教学者、学习者以及专家对课堂教学录像进行分析，反馈评价；教学者对课堂内容录像进行反思性修改；根据意见和建议再次对课程进行授课；再次反馈、评价和修改。

可以看出，微格教学的步骤是经过试教—反馈分析—修改—再次教学—再次反馈评价的循环周期进行的，以此往复，进一步促进学生和在职教师的动作技能学习。

（四）微格教学法的应用

以高校体育跨栏教学为例。

1. 微格教学跨栏技能教学方案设计的指导思想

在高校跨栏体育教学中，微格教学研究是将微格教学法运用到跨栏技能教学中，培养学生跨栏技能的课程。旨在使教师通过微格教学更好地提升教学质量，使学生更有效掌握跨栏技能，高质量完成教学目标。运用微格教学理论设计教学方案的时候要站在系统论的角度，充分考虑教师、学生、环境之间的相互影响，考虑各个因素之间的相互关系。

为此，结合教师具体的教学水平和素质以及跨栏技能教学的特点，设计教案。在设计教案的时候要充分考虑课堂的可操作性、时间分配、技能应用、教师演示、学生练习等多个因素。

教学的设计包括理论课与实践课。理论课在授课之前，由教师对实验学生进行相关培训，让学生对微格教学有充分的认知和理解，包括微格教学的各个环节、设备的使用方式、教学注意事项等，使学生能够熟知各个教学过程。实践课是按照示范—角色互换—回放—评价—重教的过程实施，其间对示范动作、角色互换都要进行录像，回放和评价的基础是录制的视频。

2. 授课内容

第一次：掌握跨栏步分解技术、掌握站立式起跑跨栏技术

第二次：复习、初步学习栏间跑技术

第三次：回顾、改进跨栏步技术、初步学习半蹲式起跑跨半程栏技术

第四次：复习、初步掌握蹲踞式起跑过栏技术

第五次：复习、跨栏跑完整技术分析

第六次：复习、初步掌握全程跨栏技术、提高跨栏周期节奏

第七次：复习、练习左右腿跨栏技术

第八次：全面复习、改进

第九次：考评

3. 微格教学授课过程

以第一次为例，讲解微格教学的授课过程。

具体做法：由授课教师进行示范讲解。老师按照正常速度对跨栏动作要领进行讲解，同时对老师动作进行录制。学生在此过程中观察和模仿老师，对老师示范的工作在大脑中有初步的形象和符号特征，和自己已有的经验结合起来进行加工。接着再次播放老师的示范动作，以慢动作的形式呈现，同时老师在旁边进行辅导，并对相关的动作技能进行理论知识的讲解，学生对自己已经加工的动作和老师进行对照，清楚自己哪些动作是正确的，哪些是需要进行纠正的，经过不断的练习和对比，深化技术动作，接着进行角色互换，由学生自己作为老师进行动作示范和讲解，这个时候用多媒体录制学生的动作。结束后集体观看学生的示范动作，在观看的同时，学生开始记录他人的动作演示情况，再进行自评和他评，让学生清楚地了解自己的动作哪些需要纠正，问题出在哪里，如何进行改进。同时播放标准的动作演示，让学生在讨论和对比中纠正自己的动作。最后由学生开始进行实际跨栏。跨栏的时候，老师依旧对学生的行为进行摄像。然后再次回放动作。再次进行信息反馈，同时老师找一些比较有代表性的学生的技能动作进行慢动作回放，在回放时老师对学生经常出错的技能动作进行讲解，增强学生对正确动作的记忆，让学生在视频对照和小组讨论中解决问题，提升技能。

下课以后，老师可以将视频、照片发放到教学群里面，由学生自行学习，同时在群里面进行讨论、解决学生提出的问题，学生也可以对其他学生进行信息反馈，在交流中不断进步。

之后的课程和第一次的教学流程相同。

4. 微格教学法应用的影响

（1）微格教学对学生学习兴趣的影响。传统教学和微格教学，哪种教学更能够激发学生的学习兴趣？相比传统教学，学生更喜欢微格教学，微格教学更能够激发学生的上课积极性。

微格教学之所以能够激发学生对跨栏的学习兴趣主要有三点：

第一，微格教学借用多媒体教学，这与互联网技术紧密相连。现在的学生生活都是和多媒体联系在一起的，网络视频已经成为他们的生活和学习方式，视觉学习已经成为一种学习习惯。与传统教学相比，这种教学方式他们会更加习惯。

第二，微格教学能够充分调动学生的主观能动性，让学生真正成为课堂的主体。当学生真正成为课堂主体的时候，他们就会享受和喜欢课堂。微格教学中的角色互换，让学生当老师进行教学演示，不对动作示范做评分，只是作为一种进步的手段，让学生能够清楚地了解自己的不足。同时民主氛围强，学生可以自由发表言论，在讨论和交流中提升技能。

第三，微格教学能够提升学生的自信。微格教学信息反馈及时，学生能够迅速观察到自己有哪些地方不足，在自评和他评中认知自己，在交流和研讨中解决问题，知道自己改进的方向。

（2）微格教学对学生学习习惯的影响。学习习惯是通过学习过程中的反复练习形成和发展的，成为个人需要的自动学习行为。形成良好的学习习惯有利于激发学生的学习积极性和主动性；有利于形成学习策略，提高学习效率；有利于培养自主学习能力；它有利于培养学生的创新精神和创新能力，这将有助于学生更好地掌握跨栏技术。微格教学能够促进学生学习习惯的养成，主要有以下几点：

第一，微格教学有利于学生养成及时反馈、及时复习的习惯。微格教学最重要的一个环节就是回放和评价，在回放的时候，学生会回想自己的动作技能，在评价的时候，通过他评和自评反馈自己的不足和优势，对自己有清晰的认识，而且这种反馈贯穿整个教学环节。复习是学习习惯的重要组成部分。及时的审查可以加深和巩固对学习内容的理解，防止通常在学习后发生的快速遗忘。根据遗忘的曲线，经过两三天的记忆，忘记的速度是最快的，然后逐渐减慢，审查可以加深印象。微格教学结束后在学习群发送的视频就是及时复习的提醒，让学生自觉学习。

第二，微格教学有利于学生养成善于思考和善于发现问题的习惯。微格教学开始的教师演示和事后的视频回放，是为了让学生自行进行对比，发现问题，思考自己为什么没有做到位，原因在哪，如何进行改善。通过思考，自行解决问题，发现事物之间的关系，形成自己学习的直接经验。

第三，微格教学有利于学生养成讲求效益的学习习惯。微格教学自身具有在最短时间内提升技能的特点。促使学生养成在计划时间内完成录像、回放、评价等工作，而且每次学习之后，要评价自己做得如何，将自己专注在一件事情上，提高效率。

（3）微格教学对师生关系的影响。微格教学能够促进师生之间的关系，使学生能够站在老师的角度去思考问题，更好地理解老师的感受。

首先，微格教学有一个重要的步骤就是角色互换，通过角色互换，学会换位思考，理解教师感受，积极融入课堂。

其次，微格教学以多媒体为手段，这种方式符合时代的发展，也是时代的一种沟通工具。这种工具是学生乐于运用的。不只是录教师的视频，也会录学生视频，大家是公平的，一起欣赏、讨论、交流，课后也会在群里沟通，加强与教师之间的交流，提高学习的效率。

再次，微格教学课堂教师讲授较少，基本以演示、讨论和评价为主，给学生和教师更多的交流机会，让彼此熟悉对方，拉近双方之间的距离。

最后，师生之间关系的改善，为课堂创造了良好的氛围和环境，间接刺激学生学习的热情，让学生在更宽松的氛围内吸收知识，掌握技能。

三、领会教学法

（一）领会教学法的概念界定

领会教学法是最初侧重学生对这项体育运动技能规律的领悟、体会，最终让学生产生对运动内在规律、运用技术动作的能力，这一教学方法强调的是学生产生认知并理解后使得该运动成为个人的兴趣爱好。同时，这一教学方法注重教师和学生传授和反馈，对培养学科兴趣和学生认识事物能力得到提高、增强自信心有着一定的作用。

（二）领会教学法的指导思想

随着教学改革不断深入，越来越多的教学方法用于体育教学，但是不论采用什么教学方法，都应该坚持以"启发式"为重点的指导思想。启发式教学往往与注入式教学形成对比。启发式教学并不是特指某一种教学方法，而是作为一种总的指导思想进行教学。注入式是一种以教师为主的教学，把学生比作一种容器，没有关注学生学习过程中的能动作用。在技能教学过程中，教师总是把技术动作直接塞给学生，造成学生对动作技术要领模糊，动作技术的掌握往往不够理想，因为没有发挥学生的学习主动性，学生往往被动接受知识，缺乏深入了解。启发式是指教师从学生实际出发，根据学生的实际情况采取各种有效的方式去激发学生的兴趣，从而调动学生学习的积极性，引导学生去领会技术动作的要领和掌握体育基础知识，通过自己的积极身体活动获得不一样的体验。

领会教学法就是以启发式为指导思想，通过多种教学方法，如练习法、讲授法、讨论法、反馈法、游戏法、合作探究法、发现法等，巧妙地引导学生，激发学生学习的兴趣和积极思维，不断提高学生的学习动机，改变学生学习的盲目和被动性，使学生在学习中发现问题、分析问题和解决问题的能力得到提升。领会教学法把理论和实践紧密地联系在一起，对培养学生的创新能力、理论与实践相结合及实践操作能力有很大的促进作用。

在教学过程中，传统教学方法侧重于学生技术动作的掌握而忽略动作技术原理等理论知识的学习。领会教学法认为理论知识的学习和技术动作的掌握同样重要，理论知识的学习是为了避免学生动作技术学习过程中的盲目和被动，使他们能够准确有效地理解技术动作，加强他们的学习动机，激发其积极思维。

（三）领会教学法的教学优势分析

1. 充分发挥教师的主导作用

在体育教学活动中，教师应该发挥其主导作用进行教学，领会教学法的本质就是强调教师在整个教学活动中的调控作用。首先，教师确定教学目标、教学重难点、钻研教材、了解学生和设计教法，教师能够较好地捕捉学生的各种反馈信息，根据领会信息进行评价与判断，不断改善教学进程。其次，教师应创造适宜的教学情境，激发学生的学习动机，使学生产生学习兴趣。最后，学生对学习有无兴趣，学习效果完全不一样，所以在教学过程中发挥教师的主导作用，根据学生的实际情况采取有效的措施，并创设适宜的教学情境，吸引学生注意力，使他们意识到通过自己的努力能够学有所得，从而激发他们的学习动机，使他们积极地投入体育学习中。

发挥教师主导作用的方法有三点：第一，设置情景，激发学习兴趣。兴趣是最好的老师，有一个良好的兴趣才会产生较强的学习动机，学习动机是推动学生探求知识的动力，而较强的学习动机需要教师引导，教师要在教学活动中创设良好的情景启发学生，提升学生学习的兴趣。一旦有了学习兴趣，学生就会主动地、自发地指向学习的对象，对学习充满激情和活力，从而调动学习积极性，养成良好的学习习惯。因此，教师在教学过程中要根据教学实际（场地、器材、学生身体素质、教材要求）努力创设良好的教学情景来调动学生的学习热情。第二，精心设问，拓展发散思维。无论什么样的创新活动都是从问题的产生开始的，社会需要创新，创新是一个国家发展的动力。在教育教学中，教师应该积极培养学生的创新意识，培养学生善于发现问题，积极探究、分析问题和解决问题的心理。第三，拓宽思路，培养认知规律。在教学过程中，教师要在恰当的时间提出相应的问题，引导学生围绕某个问题，通过小组之间的探讨，各抒己见，集思广益，得出全组的结果，然后全班进行总结，得出最佳答案。

2. 充分体现学生的主体作用

在教学实践中，学生是主体，一切教学活动都是学生自己完成一系列的学习活动，而教师提供适当的引导，真正体现出"主导"与"主体"之间的相互关系，能够最大限度地把学生调动起来。在同一教学内容上，学生能够根据其本身不同的基础水平、不同的技术水平和思维发展水平积极主动地与教师、同学开展合作，促进交流和沟通，使课堂充满融洽、积极的学习氛围，使学生的学习更加开放。如何在教学实践中发挥学生的主体作用呢？一些具体做法如下：其一，转变教师思维，明确学生发展的主体性；其二，追求和谐的课堂活动，建立和谐的师生关系；其三，教师要树立以学生为中心的教育理念，培养学生提取有效信息的能力；其四，为学生构建一个宽松的教学环境；其五，让学生自主学习；其六，让学生发挥自己的主观能动性；其七，培养学生的创新意识和创新能力。

3. 有利于因材施教

在领会教学法的教学中，教学目标对师生双方都有相应要求。对教师而言，要将宏观控制与微观控制相结合，因为教学是一个双向的过程，在此过程教师需要引导学生不断思考、探索，获得一定的理论知识和技术技能，能理论结合实际地解决问题。要做到因材施教，教师需要做到以下三点：其一，教师要正确认识学生的认知方式差异与个性差异，做到个性化教学；其二，教师要与学生平等相处，充分了解学生的需求；其三，博采众长、分层施教。所谓因材施教就是不抛弃一个差生，也不宠溺一个优生。在课堂活动中根据学生的实际情况找到与目标的差异，进行调节与控制，使学生在其不同的能力水平上也可以展开不同层次的学习，促进全体学生的全面发展。

4. 有利于创造融洽、探究的教学氛围

领会教学法能创造轻松、愉悦的教学环境，使学生能够融入其中而不被束缚，能积极主动地与教师展开各种讨论，形成开放型的学习情境。运用领会教学法有利于师生之间形成良好的关系，使学生在学习上更具积极性和主动性，能够在教与学的效果上体现出来。只有在教学过程中打造出富有情感的教学环境，才能创造理想的、积极的教学氛围，促进教学效果的提升。

（四）领会教学法的应用

以高校体育篮球教学为例，探讨领会教学法在高校体育教学中的应用。

1. 领会教学法的思路

通过多视角、多维度对领会教学法在师范类高校课堂中的运用与常规教学法进行研究。领会教学法的教学思路大致分为五个方面。

（1）传授以成套的篮球技术动作，而非细节动作。在教学中注重传授学生成套的篮球技术动作而非传统教学法中单一、机械的技术动作。教师通过赛前（根据学生的实情，对比赛的规则与要求进行限定）学生按照规则做出训练并强化。例如，在传接球上篮的教学中增加特定的规则（能否运球，如果运球限定运球次数）并要求加入其他技术动作（转身、变向）并以教学比赛（半场或全场并简化难度和规则）的形式呈现出来，既可以满足学生们对于篮球动作"观赏性"的要求，又能达到篮球攻防特点的教学目的。这样形式的篮球教学课堂，摒弃了传统的对细节动作的"枯燥"的理论式教学，给学生更多的自我演示并展示的时间，让他们从观看别人和自己的学习中逐渐领会到技术动作，找到篮球这项运动的乐趣，活跃课堂氛围，增加学生参与的热情。

（2）避免过多的单个技术动作的细节讲解，增加学生自主练习时间。领会教学法强调

的是球类运动的特点与本质，从能够掌握运用的比赛出发，强调技术动作的实战性，显然，单一的技术训练教学并不能满足比赛竞争的需要。从初始，它就将所学的技术动作运用到攻防实战对抗中，达到增加比赛应用练习数量的要求，教学比赛是根据教学内容和学生自身的具体情况及特点以简化了的规则和难度的形式呈现出来的，且更具趣味性与对抗性，更能让学生融入课堂、融入教学内容，大大地提高了学生的参与性。这样一来，缩短了理论教学时间，还让学生所学即有所反应。由于单个技术动作讲解教学时间缩短，自主练习、领会的时间增多，对学生了解篮球规则的学习和了解也有积极的促进作用，结合了理论和实践的学习。

（3）注重培养学生共享心智。篮球运动与其他田径运动项目差异是要求学生掌握全面的篮球技术动作，还有临场的反应能力，这恰恰是领会教学法的"专长"所在。教师应当首先通过学生的基本功的展现，将他们分为适当层级。在课堂中分组，通过小范围、短时间的比赛，反复学习，强化技术动作，学生之间相互交流相互学习。在学生反馈动作时，教师同时要观察学生动作，及时沟通、及时纠正，避免学生因不清楚要领而只是机械跑动。

（4）注重临场决断能力的培养训练。领会教学法打破了原有的体育课堂的教学常规，改变了学生被动接受者的地位，提升了学生在课堂中的参与度。教师的关注点从理论细节讲解转变为"观察者"，学生不再仅仅是用耳朵去感受动作，而是亲自实践，还可以根据自己的实际情况选择性地学习或者提高某一技术动作。体育教学的最主要目的是让学生身心得到同步发展，让学生理解终身体育的意义，教学并不是"只教不学"。

（5）加强自主学习。领会教学法中的"领会"包含两方面含义：其一，不同层次的学生，通过不同难度的小范围、短时间的实战经历，亲身体验并理解篮球运动规律、技术动作要领。其二，反复实战，强化某项动作的学习和理解，从而不断提高自身技术水平。由此可知，领会教学法侧重于对篮球技术动作及规律的理解，而不是传统的理论讲解、照搬技术动作。它不是对战术的刻板跑动，而是真正理解篮球规律。

领会教学选用的教材大多数具有实用性和针对性，放弃了以往传统教学法注重单个技能技术的教学，是以组合形式完成的组合技术，如在传接球上篮的教学中增加特定的规则（能否运球，如果运球限定运球次数）并要求加入其他技术动作（转身、变向）并以教学比赛（半场或全场并简化难度和规则）的形式呈现出来。

领会教学法的思路着重于按不同学习情况、不同学习阶段、不同水平的学生，由易到难、由简单到复杂，阶梯性、限定性地安排教学内容，设计简化的教学比赛，经过多次不同阶梯性的不同难易程度，经过大量的比赛或游戏模拟实际比赛，学生能够学习更为直观整体的技战术知识，强化训练学习，以共享心智、认知能力为教学重点来培养学生。与此同时，根据不同层次学生的需要来培养学生，根据需求讲授不同的动作技巧，并针对性地设计简化的限定性教学比赛进行强化。

在领会教学法的思想指导下，根据该项目篮球体育课学生的实际情况，制订新的篮球课程教学流程，教学进度计划以及教学内容。

2. 教学流程设计

教学流程如图 2-1 所示。

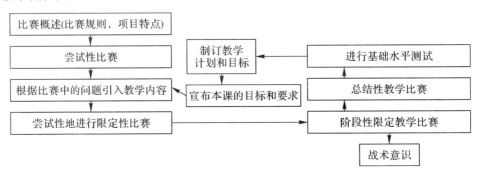

图 2-1　领会教学法的教学流程

3. 教学进度计划

第一周：介绍本学期课程的教学内容，任务以及要求；进行一些专门性动作及素质的测验以及尝试性教学比赛，全面了解学生技术掌握情况；根据各个项目中学生的实际情况进行总结，为以后教学安排提供参考。

第二周至第十四周：将学生分组进行尝试性比赛，总结第一次比赛后进行均衡分组，在之后的教学中不断进行限定性教学比赛，让学生在比赛中不断了解并加深理解比赛规则及技能，通过不断地总结进行改进与调整；不断提高学生的技术与能力。

第十五周至第十六周：进行总结性比赛与学生测验。

（五）领会教学法的优势

以高校体育篮球教学为例。

领会教学法通过课堂学习，增长了技能、意识，同时增强了身体素质。领会教学法在教学过程中，组织进行大量的限定性教学比赛，多数时间是通过实战来进行教学，课堂的跑动较传统教学模式大大增加，比单一细节技术动作训练的运动强度要大。

领会教学法更有助于学生掌握篮球技术。领会教学法在教学过程中，更多时间用于学生实际体验、反馈再到强化，让学生在不同阶段、小范围、短时间的比赛实战中反复地学习、不断提高技术动作的质量，改进每一个目的不明晰的动作，在比赛中加以体现，形成条件反射。

领会教学法更契合学生在篮球赛场上的迅速反应的要求。领会教学法强调在比赛中对应变能力，即对方行动的及时判断，以及技术动作的灵活运用，在临场时遇到问题不至于失误而影响比赛结果。结果表明，领会教学法在高校篮球公共课教学中，对于提高学生在比赛实战中技术动作的运用、提高学生临场比赛发挥能力的优势更加明显。

第四节　学科核心素养视域下高校体育课程组织实施要求

体育学科核心素养视域下的课程目标不仅需要结构良好、关联性强的课程内容对其进行承载，更需要组织有效、实施有方的教学设计对其进行贯彻和落实。如何利用课程的组织与实施这一"工具"准确表达体育学科核心素养的内涵？需要在准确把握当代大学生社会心理及其认知特征的基础上，加强运动技能提高的途径和规律等"学理"研究，以及基于"学理"的组织和教法研究，合理安排内容顺序、规划课程实施路径。就学科核心素养视域下的高校体育课程而言，课程组织与实施设计关切到如何在面对教学对象时对多元化体育学科知识进行合理规划，从而引导大学生对不同运动项目的技术、战术、文化进行认知；关切到如何设计多元化教学方法对其中典型少数关键技能进行教学，在课程组织和实施中结合具体内容对体育精神、体育品格和体育道德进行培育。

一、课程内容的逻辑性与学习者个体的成长性

体育学科课程组织是面向学习者对其学习任务、学科内容、学习环境中的核心要素进行价值发掘和逻辑重构的过程，这一过程需要全面考虑大学生个体之间的相似性和差异性，对课程内容进行合理的解析，并在此基础上根据不同的学习条件创建适当的运动情境，循序渐进的安排课程内容，使各种要素形成合力。

（一）体育课程内容的内在逻辑性为学习任务的解析提供了依据

维果茨基在社会文化理论中将工具划分为有形的"物质生产工具"和无形的"精神生产工具"，物质生产工具泛指凝结了人类智慧和社会文化的实体工具，精神生产工具则是人类社会所特有的语言、文字、符号和数码产品等；有形的实体生产工具指向学习者的外部，引起客体的变化，以语言文字符号或音视频资料为代表的无形的精神生产工具则指向学习者内部，影响人们的行为。体育运动利用场地和器械进行身体锻炼的行为既具备了"物质生产工具"的部分特点，又兼具了"精神生产工具"的部分典型特征，从某种意义上来说，是物质生产工具与精神生产工具的完美结合体，学习者既可以通过语言、文字、符号、音视频所凝结的体育文化和运动技能等无形的"精神生产工具"所引发的个体内部变化对学习者施加影响，亦可通过体育器械、场地器材等有形的"物质生产工具"对学习者身体外部形态和运动操作技能发展施加影响，用以指导和丰富学习者个体的运动能力和

健康行为。因此，指向学习者个体核心素养发展的体育学科知识传承、运动认知方法实践、体育情意领域发展是"物质和精神"内外兼修的关键内容和载体，对其进行连续、高效的组织和实施是培育体育学科核心素养的重要节点。

课程内容的延续性是指在课程内容的选择和组织中对主要课程要素进行直线式重申的过程。在学科核心素养视域下的体育课程体系中，运动能力和健康行为对体能与技能的协同发展及熟练运用提出了更高的要求，理应充分利用有形的物质生产工具和无形的精神生产工具，将其作为体育课程的主要要素在课程组织中加以发展，以保证体育学科课程内容的延续性。以篮球项目为例，既要通过有球等"物质生产工具"对学生投篮、运球、传球、争抢篮板等技术动作反复的、连续的练习，又要通过无球等"精神生产工具"不断发展其柔韧、步伐、移动、策应等专项体能和坚持、协作、拼搏等体育精神风貌，注重纵向组织过程中课程内容核心要素的连续性，引导学生个体动作技能、体能与体育品德同时发展。但值得注意的是，动作技术的连续性和重复性并不代表这些主要课程要素是在同一水平上的反复重现，而是学生个体在对动作原理更加深入的理解、对动作技能不断深入认识、学习态度不断发展等更高水平层次上的重复，是对过往的超越，带有明显的发展性和顺序性；课程组织的延续性强调后继经验的发展是在前面经验的基础上对有关内容更加深入学习、广泛探讨的结果，延续性强调的不是重复，而是在更高层次上处理后继学习经验的过程。以高校的篮球教学为例，大学阶段的篮球课程虽然在动作概念上仍然是运球、传球、投篮、争抢篮板，但是内容的广度和深度与高中学段相比已不可同日而语，是在综合了个人运动能力、多种信息条件和情境假设后的动作应对过程，情境设定更加复杂多变。从体育学科核心素养的视角来看，学习者的每一个动作，都是通过体育高阶思维对其可能产生的预期后果进行反复假设和推理后的结论，换言之，学习者在去情境化条件下的动作应对和动作反应，都是对间接经验和直接经验进行反复对比、练习、总结和思考后的结果。

课程内容组织的连续性和顺序性，不仅体现在学科理念引领下知识广度和深度互相交织、螺旋上升的过程中，还体现在追溯具体内容起点时对学习者和学习任务本身的支持性前提条件分析上，这是建立体育深度学习思维模式的关键所在。一般来说，课程组织中对先决条件进行分析的具体方法是根据学习结果分类标准，将学习目标和学习任务细化为具体的智慧技能或动作技能，指出学习和掌握这些技能必须具备的前提条件，将这些前提条件与学生已经具备的起点技能进行对比，如果不能匹配，则继续向下一个层级转换，直至所有的学习者已经具备了该层级所描述的知识和技能为止。以篮球课程中的持球突破内容组织为例，学习这一内容的前提和基础是降低重心后的体前变向换手运球，学习者的动作技能储备如果不能完成这一动作，就需要向下一个层级转换，即行进间左右手交换运球，如果学习者仍不能完成，需要继续向下一个层级转换，即原地的左右手交换运球，然后是原地的左手或右手单手运球，层级转换至与学生已掌握的动作技能匹配为止。支持性前提条件分析对目标动作的层级转换及学习任务的分解追溯可以圆满解决课程内容构建和组织过程中的内容起点问题，同时也从纵向发展的视角保证了课程内容的延续性，有利于迅速发展和开拓学生体育学科核心素养体系中的运动能力和健康行为，并在一定程度上促进学生体育品德的发展。

（二）学习者的心理机能发展过程为课程内容组织提供了参考

就学习者个体而言，从儿童到青少年阶段再到成人阶段的发展是一个不间断的学习和社会化的过程，同时也是个体心理机能由低阶向高阶发展的过程。体育学科核心素养视域下的个体成长性不仅体现在体育教育及运动环境干预影响下运动心理机能的转化和成熟，同时也体现在体育思维和运动控制等抽象技能的习得及运用中；维果茨基将个体心理机能从低阶向高阶发展的关键节点归纳为心理活动的随意机能、抽象—概括机能、以语言文字和符号为中介的间接心理结构、个性化等四个方面，并指出受社会规律制约的"文化—历史"发展、作为中介环节的语言符号等高级心理机能工具的掌握以及内化是决定个体发展的根本原因所在。这一结论对体育学科核心素养视域下的课程内容纵向组织和安排具有重要参考意义。

学习者个体运动能力的发展与其心理机能的成熟及间接经验学习认知能力密切相关，设计者可据此对体育相关知识的呈现方式和次序进行安排。运动能力和健康行为是体育学科核心素养最为重要的要素之一，运动能力的发展过程就是在体能发展基础上对运动技能不断学习、运用和建构的过程，健康行为是在运动能力基础上对健康知识不断实践的过程；人类文化知识以间接经验的方式凝结在包括运动技能在内的语言、文字、符号等媒介和工具中，学习者因此可以超越时空限制去学习源自传统的体育知识和来自异域的各种运动技能，从简单的体育游戏到复杂规则的体育竞赛，再到精确控制动作技能的田径、体操、游泳等操作性技能的发展。学习者通过间接经验的长期学习逐步成长为能够将间接经验转化为直接经验并带有明显个人动作特征的个体。在这一过程中，学生的运动心理发展历经了语言文字符号的识别、个人运动经验的验证、部分间接经验的扬弃、运动认知的发展、个性化动作技能的形成等阶段。动作学习初期是对代表运动基本概念的语言文字符号的识别，学习者通过对教师或教科书所呈现的体育知识和技术动作的接受、辨识、认同等过程，对多种媒介下记录动作要领的语言、文字、符号进行识别、模仿和练习，将间接经验逐步转化为个体的直接经验。运动学习中期则是对间接经验的演绎、推理，检验和证实间接经验是否符合个人动作发展，在已有经验基础上对各种运动经验加以验证，如篮球项目中，学习者结合个人经验，对书本所描述的原地单手肩上投篮动作要领进行验证，并据此纠正个人投篮动作错误经验的过程就是典型的个人运动经验的认证。运动学习中后期是对间接经验的选择和扬弃，是在对体育间接经验的学习过程中，结合自身的身体条件和运动特点对代表间接经验的动作技术进行选择，主动选择适合学习者个人条件并放弃不符合个体发展特征的运动技术的过程，值得注意的是，此处所讲的动作技术并没有好坏之分，而是通过与学习者的身体素质水平是否吻合进行判断，如身体瘦弱且身高不足的学习者并不适合学习篮球项目中的篮下对抗技术，但因其步伐较为灵活往往更适合选择持球突破或中距离跳投等技术加以学习。运动认知能力的发展是在运动积累的基础下通过多种形式的信息加工，逐渐形成的对信息的捕捉、记忆的提取、思维的发散、预案的想象、结果的推理等体育高阶思维的过程，在篮球的对抗练习过程中，对竞争对手运动技术特征进行捕捉和分析，采用相应的技术手段对其薄弱环节加以防守或突破，均属于运动认知能力发展的范畴；个性化动作技能的形成是通过长期的动作技术练习，所形成的具有个人风格的行为和动作方式。

学生个体的成长性还体现在不同年龄段的运动能力发展与其所对应的思维过程和认知发展的关联上，设计者可以由此对不同学段的体育课程内容进行组织和安排。皮亚杰根据个体年龄增长与思维认知发展的关联性，将其划分为婴幼儿时期的知觉运动阶段、儿童时期的前运算阶段、少年时期的具体运算阶段和青年时期的形式运算阶段 4 个发展阶段，并指出每一阶段都是在扩展前一阶段的基础上，在新的水平进行重新建构，然后超越这一水平，达到更高的层次，在这一过程中体现了思维认知过程从具体形象逐步发展为抽象概括，同时也体现出学生运动能力发展的规律性和阶段性。进入大学阶段后，大学生抽象概括的形式运算能力是通过知觉运动、前运算和具体运算等阶段逐步发展而来，前几阶段发展不平衡、不充分势必会影响后期形式运算能力的发展，进而影响运动认知及思维的发展，体现在体育学科领域即为小学、初中和高中阶段的运动参与缺失将给大学阶段的运动能力和健康行为发展带来深远的影响。幼年时期动作图式发展不完善、儿童时期以知觉线索为基础的运动思维逻辑的缺失、青少年时期基于可逆运算的复杂运动情境下多种问题解决方式的不足，使得当代大学生在进入以形式运算为主的阶段后，运动的灵敏性、协调性，以及对复杂技战术的掌握及运用上均有所缺失，对包含假设和演绎运算的体育学习过程及其推理方法缺乏认知，难以在系统框架下对可能产生不利结果的影响因素和错误行为进行排除，对复杂情境下如何采用高阶思维形式对多个影响因素进行分析和推导以促进问题解决缺乏明确的概念。本文由此提出了高校体育课程"兴趣培育期、体能与技能发展期、技能个性化与价值内化期"的内容构建方式，试图在一定程度上补齐中小学阶段灵敏性、协调性等运动素养的缺失，为大学阶段多元情境下集体运动项目的复杂技战术学习提供基础。

二、教学环境的多元性与运动技能的迁移性

(一) 教学环境的多元性为课程内容的组织创造了条件

教学环境是开展教学活动过程中所必需的多种客观条件和社会力量的综合，是按照学生身心发展规律的特殊需要而进行专门组织的育人环境。基于体育学科核心素养的教学环境构建，对于课程实施的物理环境、物质环境、班级环境、社会信息环境、课堂教学氛围环境等提出了更高的要求，多元化环境对核心素养视域下的教学影响是全方位的，国内学者总结和归纳了教学环境的价值导向、凝聚认同、陶冶情操、学习激励、健康保障、正确审美等六项功能，指出良好的环境对学习动机的激励和学习行为的发展具有良好的促进作用。就高校体育课程而言，教学环境对其影响是极其深远的，从场地器材设施和气温光线条件等物质环境和物理环境来说，它们是体育活动得以开展的基本要求；社会信息环境和班级学习氛围在学生体育价值观的形成过程中具有重要的引导作用，课堂教学氛围及教学环境则是体育知识和体育技能得以传承的重要保障。

就学习环境分析的视角而言，学者们认为应该从学校对于教学需求的满足程度评估、模拟工作环境的适应性、教学传递方式的可行性、影响教学设计和传递的限制等四个方面进行考察。体育学科教学需求的评估是对完成体育教学目标所需工具及其他支持选项的系统性评价，如教学对象的起点运动技能、实施教学所需理论、媒介工具和物质条件等；体育学习中的模拟工作环境的适应性是体育学科核心素养形成的关键要素，是包含运动技能在内的教学培训环境对具体竞赛环境的模拟，对完成竞赛任务关键因素的关照是学习环境模拟的重要节点；体育学科教学策略和教学传递方式的可行性分析是指结合具体的体育知识和运动技能对教学过程中的教学策略运用是否合理、所选择的教学传递媒介和传递方式是否切实可行进行多元分析的过程；影响体育学科教学设计和传递的限制分析是指对具体的教学环境、体育师资力量和运动教学设施是否支持相关运动项目课程设计的内容和多媒体传递方式进行评估的过程。以此理论观照运动技能学习环境，学生个体的初始技能评估及其进一步发展所需要的工具和物质条件分析是教学需求满足程度评估的重要事项，对于运动技能的传递媒介和传递方式的预案则是教学传递方式可行性分析的重要因素之一，对于不同运动技能具体运用情境的分析与模拟是判断模拟工作环境适应性的重要依据。

运动环境的多元性决定了多种因素共同作用下的综合学习环境构建是体育知识和运动技术得以传承的重要场域，其中既有对技术应用的具体情境进行分析和模拟的共性组织方式，也有针对学习者个人特点对其技术进行精雕细琢的个性化组织手段，环境的多元性决定了组织的多样性。

(二) 运动技能的迁移性为学习条件的创造指明了方向

迁移是将已有知识通过新的方式应用于新情境或新领域的过程，美国学者奥苏贝尔在

其创建的有意义的学习理论中明确指出，一切新的有意义的学习必须以学习者原有的认知结构为基础，换而言之，旧有知识结构对新知识学习的影响必然存在，即学习中的迁移现象普遍存在。戴尔·克克对学习中的迁移现象进行了详细的分类和描述，根据学习实践的先后顺序及其相互影响关系将学习过程中的迁移现象分为正迁移和负迁移；根据迁移发生的情境及变化将其划分为近迁移和远迁移；根据知识和技巧移植的方式方法将其划分为原义迁移和比喻迁移；根据知识迁移的组织方式及具体路径将迁移划分低级路径迁移和高级路径迁移；根据当前学习情境中的实际需要对某些知识进行向前或向后的回溯将迁移划分为正向迁移和逆向迁移，正向迁移是从当前的学习中抽象出行为和认知，应用到其他一个或多个可能的情境，逆向迁移则是结合当前学习情境，通过回溯已经习得的技能和知识并进行多方整合以解决问题的过程[①]。在体育课程学习领域，运动技能的正向迁移是学习者将已经掌握的运动技能应用于新运动技能学习的正向促进过程，是体育学科核心素养的重要特征之一。学界根据不同运动项目之间的技能迁移特征进行项群划分，并将其作为设计、组织和实施体育教学的重要基础理论。因此，对体育学习中的迁移过程、机制、影响因素及其发生的充分必要条件进行深入研究是体育学科核心素养视域下课程组织与实施的重要课题之一。

不同迁移类型之间虽然有所重叠，在体育课程教学设计领域的运用方法也有所区别，但其运用范围却极其广泛，在具体运用中需要把握不同迁移类型之间的平衡性。在运动技能教学的组织过程中，初始运动技能的展示和学习往往需要运用运动技能相似或相近的运动项目进行类比，适用近迁移和原义迁移；而学生在掌握了一定的运动技能后适当扩大学习范围则需要将动作原理相近的技术动作进行归类和比较，适用远迁移和比喻迁移；组织和模拟特定情境，对关键运动技术进行反复的练习实践适用低级路径迁移，多元情境化下的技战术演练则适用高级路径迁移，正向迁移适合从较为熟悉的运动项目转向新项目的学习，逆向迁移则适用于体育学习过程中同一运动项目中具体问题或困难的解决。值得注意的是，体育学科核心素养下运动能力的迁移和发展与学习者个体本身已经具备的运动技能及体育素养密切相关。

首先，学习者个体原有体育知识结构的可利用性是决定新的学习过程中是否发生运动迁移的首要变量。奥苏贝尔在其有意义学习论断中指出，如果学习者原有知识体系或认知结构中的旧知识可利用性较差，就无法对新知识进行同化，缺乏有效迁移的学习只能是简单机械的。以体育学科课程中篮球技能的学习为例，如果学习者认知结构中没有具备跑、跳、投等可利用的旧知识，即学生对于跑动中的急停急起、突然变向，对跳跃中的身体对抗、落地时的自我保护，对投篮动作中的顺次发力、屈指压腕等动作细节等知识不全面、

---

① 戴尔.H.申克著，何一希等译，学习理论［M］，江苏教育出版社，2012.

50

不完整或者很肤浅，在系统学习行进间运球、争抢篮板、原地跳投等新知识的过程中，由于没有新旧知识之间的迁移，新的知识体系就不能被有效地同化到学习者的认知结构中来，同时由于缺乏起点知识的有效支撑，新知识的学习沦为机械的模仿，学生很难从中体会到学习的乐趣，从而加速了新知识或新观念的遗忘。

其次，新知识与原有体育知识结构之间的可分辨程度是影响体育学习过程中运动迁移的重要变量。根据奥苏贝尔认知结构的同化论指出，当新旧知识发生或运用的情境大量重叠，可辨别性不强，新旧知识之间所产生的迁移往往都是近迁移或原义迁移，新获得的知识与旧知识之间的可分离强度较弱，往往导致新知识的意义不够明确，迅速被旧知识体系或认知结构的原有意义所代替，此时知识的有效迁移不明显。以篮球项目教学为例，不同学段教师在组织运球教学时，起点技能均从原地运球开始，新旧知识之间可分辨程度较低，导致学生在学习过程中没有任何技能迁移，造成大量的重复教学现象，体现出当前高校篮球课程在内容结构上的衔接性和创新性不足。

再次，原有体育知识结构的稳定性是支撑新知识学习中产生运动迁移的重要变量。个体原有体育认知结构中的运动知识掌握是否牢固、运用脉络是否清晰，对新知识学习中的运动迁移有着重要影响。从某种意义上来说，原有知识或观念过于碎片化，缺乏有效"固定支撑点"，难以对新知识的学习起到稳定迁移作用，将对新知识学习产生重大负面影响。以体育学科课程中的游泳项目为例，后续动作展开的前提和基础是漂浮的稳定性及漂浮状态下的身体姿态控制，对这一关键知识点掌握的稳定性决定着后续技能的发展，为新知识的学习起到"锚定"的作用，是游泳学习中技能迁移的关键变量。

最后，为了促进体育学习过程中相关知识的有效迁移，充分发挥体育认知结构中的利用性、辨别性、稳固性三个变量在体育学习及其正向迁移中的重要作用，灵活运用奥苏贝尔所提出的"先行组织者"策略就显得尤为重要。这一策略要求教师在新的体育知识传授之前，预先用概括、清晰和简单的语言向学习者呈现一个短暂的、引导性和概括性的说明，要求在介绍新知识的基本概念和技能特点的基础上，说明其与旧的体育知识结构之间的关系。这一组织策略不仅唤醒了学习者对旧知识结构的重新认识，引导学习者对新旧知识的差异性进行辨识，寻找旧知识的可利用性和支撑性，而且对新旧知识之间的本质区别进行了说明和区分，大大增加了新旧体育知识之间的可辨别性和迁移性。在体育学科课程组织中，对先行组织者策略的运用将会达到事半功倍的效果，如在篮球基本战术的讲授之前，需要带领学生重温场上不同位置的分布和基本动作特点，而后才能讲解和演示后卫、前锋之间的掩护配合和基本挡拆站位等。

三、课程设计的系统性与课程组织的统整性

无论是纵向视角上学习者个体的成长性和课程内容的逻辑性，还是横向视角上的运动

技能迁移性和教学环境多元性，都不足以体现体育学科核心素养视域下的课程组织的全貌，需要设计者在兼顾课程内容与学习者身心发展匹配等纵向因素的同时，结合具体的核心素养课程目标和体育运动技能的横向特征，通过系统和统整的方法对体育学科课程进行组织。一方面从学习结果分类的视角，对作为体育学科课程核心内容的体育知识和运动技能进行系统化设计和分类组织；另一方面围绕"运动技能习得、体育行为养成"这一核心目标对不同学段的课程内容进行有效统整，准确把握运动技能的迁移规律，整合多方资源、构建适切运动技能传授的多元化情境。

（一）系统化体育课程设计对课程内容的内在逻辑性提出了更高的要求

课程设计的目标模式对学习结果进行了清晰的类别划分，为具体课程内容的选择和构建提供了一定的参照标准。加涅将学习的预期行为结果划分为智慧技能、言语信息、动作技能、认知策略、态度五个类别，对不同学习结果的行为表现、内部条件、外部条件进行了分析，为学科课程的系统化组织提供了有效的参考依据。加涅也指出，由于这五种学习结果代表了它们的名称所暗含的行为，因此亦可被称作习得的五种性能，智慧技能能够使学习者执行各类符号系统所表示的内容和控制程序，认知策略是学习者精确控制学习过程的方法和手段，言语信息则是存储在学习者记忆中的事实和不同学科的系统知识，态度是影响学习者个体做出行为选择的内部状态，动作技能则是有组织地完成特定目标行为的骨骼肌运动[①]。

以这一理论关照体育学科核心素养视域下的课程内容组织，必须对体育习得的五种性能进行全面的关注。在以往教学过程中，仅关注一种或两种习得性能的简单组合往往导致学习者的运动技能习得无法运用于体育实践中，即个体的技能无法胜任实际运动情境的需求。如通过观看游泳视频教学虽然包含了智慧技能、言语信息、认知策略及态度，但是缺少了动作技能实践这一要素永远也无法真正学会游泳。究其原因，一方面是因为长期以来课程设计者对体育习得的性能缺乏全面深入的认识，仅仅将体育习得看作是动作技能和态度的习得，将不好的教学结果归咎于学生基础不好或学习态度较差，而对体育习得的智慧技能、认知策略、言语信息等性能缺乏深入的探讨，对真实情境中的信息分析、条件判断缺乏整体构建，导致学生在长期的体育学习中只见树木、不见森林，将身体素质达标或掌握简单的运动技能等同于体育习得。另一方面，由于当前所有学校的课程设计系统均是以智慧技能为核心，即课程设计是围绕学习者"能够做什么"进行综合设计的，动作技能习得显然在此基础的要求上更进了一步，在"是什么""做什么"和"怎么做"的基础上，还要求知晓"做的时机""做的过程"和"做的结果"，即在掌握一定运动技能的基础上还

① 加涅，布里格斯著，皮连生等译，教学设计原理［M］，华东师范大学出版社，1999.

需具备对运动过程和运动结果进行综合预判和推理的能力，在关键时机和特定情境下不仅知道"应该怎么做"，而且需要对"为什么这样做、不能那样做、那样做可能导致的不良后果是什么"建立起明确的概念，以智慧技能为核心的设计过程显然无法满足动作技能习得的这些要求。因此，对以智慧技能为核心的设计方式进行简单的复制或移植难以从根本上解决当前体育课程教学中的实际问题，系统化的体育课程设计不仅要对动作技能习得的条件、过程和结果进行深入分析，判断动作技能、态度、智慧技能、言语信息、认知策略等不同习得性能在体育习得中的支持和辅助作用，而且需要紧密结合体育学科核心素养目标体系，通过系统化的课程设计模式来组织和构建适切不同教学对象的课程内容体系。

对体育学科课程进行系统化设计的关键在于如何构建动作技能习得的场域，即如何通过与动作技能密切相关的智慧技能、言语信息、认知策略、态度等习得进行合理安排和严密组织，形成学生运动技能发展和体育行为养成的空间和氛围，进而形成较为系统的体育课程实施预案。从原理上来说，动作技能是一种习得的能力，个体的动作技能通过感官、大脑、肌肉等组织执行，集中表现为身体运动的速度、精确度、力量、节奏、控制性和连续性，通过长期反复的练习在神经中枢形成有组织的动作程序，动作技能习得不是单一动作的发展，而是多个"部分技能"的综合，故需要对"部分技能"发展的先后顺序和整体综合进行系统的组织和安排。在动作技能学习初期，对支撑动作发展的基本概念的认识和理解以及与项目密切相关的事实案例的观察和记忆属于言语信息习得的范畴，在运动技能学习过程中需要从记忆中反复提取、印证、比较和修正；对运动技能呈现方式的理解、模仿和练习则属于智慧技能的范畴，学生根据教师示范、讲解、视频等媒介所提供的动作信息，对动作技能进行反复揣摩并根据的语言符号提示进行练习；在动作技能练习过程中，反复试误、对动作进行纠偏和优化的过程则属于运动认知策略习得的范畴，如在篮球投篮练习中通过篮球出手后的方向、速度、旋转、弧线对投篮动作的用力顺序是否合理、压腕拨指是否到位进行分析，对投篮命中率进行预测和统计；运动中的态度习得是在运动技能形成过程中反复选择的结果，选择何种运动项目困难时坚持还是放弃，消极应对还是主动练习，对体育运动中的坚持和奋斗如何看待等行为都是态度习得的重要参照；在综合前述所有因素后，基于"动作程序"的动作技能习得和发展才成为可能。

总之，体育学科核心素养视域下的系统化课程设计需要根据课程细化后的具体任务，首先通过言语信息习得的规律说明"先教什么、用什么方式教、学生如何与教师之间形成有效互动"的问题。其次是利用智慧技能习得的相关经验对"教师教了什么、学生学了什么、反馈如何、是否已经掌握、未能有效掌握的具体原因是什么、是否具有普遍性、如何解决"等问题进行一一分析。再次是依照认知策略习得的相关知识对于"后教什么、如何与先教的知识进行整合、整合的方式和效果是否达到了预期"进行评价。最后根据态度习得的方法追问"学生学会了什么、从中得到了什么",运动技能的习得是反复练习的结果,既与学习者本身的身体素质和已有运动技能等内部条件相关,也和教师、目标技能呈现的媒介和方式、练习时间和教学时的模拟情境等外部条件相关,是通过系统化教学设计长期坚持和综合积累的过程。

(二)课程设计的统整性规范了课程组织的整体一致性

学校应该如何从体育学科核心素养培育的视角为学生规划和组织符合其身心发展和健康需求的体育课程?对这一问题的回答不仅涉及体育课程目标体系构建的方向性,更是与体育学科课程的统整性密切相关。教育领域的统整是指将相关知识和学习经验按照一定主题进行归纳、整合和组织,以有意义的方式联结为系统化整体的过程,即统整是基于问题解决的系统化整合。就体育学科课程而言,统整性能协助学生将体育领域的知识和经验按照一定主题进行整合,并将其健康行为与所学体育知识和运动技能统一于学生个体的体育价值观,体育学科课程设计的统整性能够有效增强学习者体育生活化的能力。具体而言,体育课程在组织过程中因受到不同思想形态和社会、政治、经济、文化的影响而具有不同的形式和内涵,其在统整过程中需要一定的课程设计模式对其内部一致性和外部表现性进行规范,表现为以下三个方面:一是在课程组织过程中如何对统整性问题进行归纳和发掘,即围绕什么主题进行统整;二是在统整性问题引导下如何保持课程内部不同向度诸多要素的一致性,即对哪些内容进行统整的问题;三是统整性课程设计的外部表现,即对课程进行统整设计的模式和方法问题。

从体育学科课程组织过程中对统整性问题进行提炼和归纳的角度而言,不同运动项目所构成的体育课程都有着共同的基础,即基本体能支撑下的专项技能发展,邵朝友等人指出,统整的最终数量取决于学科课程内容覆盖范围的广度与深度[1],体育学科课程覆盖了运动生理、运动解剖、运动心理、运动生物力学、教育学、社会学、哲学等广阔范围内的内容和知识,如何围绕体育课程"基本体能支撑下的专项技能发展"这一基础对统整的主题进行选择,成为体育课程统整性设计首先要解决的问题之一。本文试图从学习者个体动作技能发展的逻辑过程这一视角进行归纳,一是结合专项技术动作及其运用选择具有典型代表意义的技术作为统整主题,二是从支撑专项技能发展的基本体能及其发展特征的视角选择统整主题;从逻辑上来说,围绕专项技术动作进行统整性课程设计的主题应该涵盖动作技能发展的整个过程,并辐射多个学科,包括动作技术完成过程中对不同肌群的募集、协调以及动作完成的过程、质量、效果、策略、持续的时间等,支撑这一系列动作的基本体能包括不同运动项目供能特征的识别、不同部位肌肉群的协同作用、手脚呼吸配合的整

---

① 邵朝友,朱伟强. 基于标准的统整课程设计 [J]. 教育发展研究,2014.

体性和协调性、瞬间爆发力、身体柔韧性及灵敏性等，以及运动解剖、运动生物力学、运动生理学、运动心理学、教育学等学科的相关知识。体育学科课程中统整性问题的发掘需要具有代表性、学术性和引领性，是解决体育学习过程中的关键要素的集中反映，如从投掷动作中提炼出来的"超越器械"、从传统武术动作中提炼出来的"鞭打"以及篮球运动中的关键技术"行进间急停急起接体前变向换手运球"等概念就很好的诠释了体育课程设计中的统整问题。

从体育学科课程设计统整性问题引导下的课程内部一致性来说，统整课程的学习结果应该具有确定性，一是围绕课程标准所拟定的统整性问题应该指向学习者对相关概念的持久性理解，这种理解应建立在运动生物力学、运动生理学、基本体能能力发展等多个学科相关知识综合的基础上；二是统整性技能及相关子技能的拟定应当有助于学习者形成良好的情感态度与价值观，即通过技能的习得形成稳定的态度倾向和健康的行为习惯。以篮球项目"行进间急停急起接体前变向换手运球"这一主题的学习为例，首先是在示范的基础上对动作过程和技术细节进行生物力学分析，在动作完成过程中需要募集腿部肌肉群做出急停和降低身体重心的动作，脚步在与地面接触做出刹车动作的同时下肢迅速弯曲下蹲以降低身体重心，上肢在保持身体平衡的同时做出护球动作且控制住篮球，运用手腕的力量将运动中的篮球由向前推进转换为向下运球，在准确判断防守的位置和意图后利用腿部爆发力蹬地变向的同时，由向下运球迅速交叉换手转换为向前运球，侧身挤过防守以获得足够的运球空间，这一复杂的动作过程涉及重心变化、平衡转向、快速移动、动作切换、综合判断；其次是对这一动作过程中的供能方式进行生理学分析，运球过程中的有氧供能在腿部的下蹲压紧和蹬地转向的瞬间通过腿部爆发力的参与转化为磷酸原系统供能，这一分析过程涉及核心力量发展、腿部肌肉锻炼和能量储备等要素；最后是对这一运动过程中的体能特征进行判断，在身体核心力量参与下支撑腿部肌肉群协同发力，动作节奏由快至慢，再突然发力由慢变快摆脱防守，这一过程中腿部肌肉爆发力决定了动作速率，身体的柔韧性决定了动作幅度，身体灵敏性决定了动作的整体衔接质量。对这一主题的统整过程中虽然涉及多因素、多方面知识的共同支撑，但其目的非常一致，即通过动作的突然性、迷惑性和果断性来摆脱防守，指向学习者持球突破能力的养成，并在动作学习过程中形成理智、勇敢、果断的情感态度。

课程统整设计的主题模式得到了广泛的认可，但对于主题选择的具体内容和统整设计的具体步骤，不同的学者却有着截然不同的看法，比恩等学者认为统整主题的内容范围应以学习者为中心，提出了"主题—提问—概念图—学习活动"四个步骤的设计方式；史密斯等学者则从问题构建出发，提出了"建立主题焦点—选择叙述文本—选择学习目标—实施教学活动—评价教学效果—建立教学反馈"六个步骤的统整设计方式；归纳不同学者观点，可以将统整性课程设计的步骤总结为"选择统整主题—拟定统整课程目标—建立课程统整架构—设计统整教学活动—规划教学评价—检查修正课程统整计划—实施教学统整计划"等七个步骤。

从宏观上来说，体育学科核心素养视域下的课程组织是围绕运动能力、健康行为、体育品德等要点对构成课程的诸多要素所进行的合理规划和科学安排，不仅涵盖了体育课程教学规划及实施方案的系统化设计，而且包括对课程内容及学生学习方式的统整性安排，以及相关教学设施、师资力量、管理制度的配套，并充分考虑社会、社区、家庭体育氛围对学校体育课程实施的影响，以及学习者体育能力与兴趣、体育教师的教学风格与方法策略等因素。无论是从纵向、横向、还是整合的视角对其进行论述都无法框其全貌，需要体育工作者在教学实践中不断地验证、总结、反馈和完善。

第三章　高校体育教学的思想演变

第一节　"终身体育"指导思想

一、"终身体育"思想的改革路径

(一)理论与实践相结合

体育教育的最优化应当是理论与实践相辅相成,在体育教学过程中,先传授学生体育理论知识,然后在理论知识的铺垫下进行实践,并在实践中巩固、深化理论知识。然而在实际体育教学中出现了两种极端:一是只重视理论知识,为了防止运动过程中的运动损伤和意外,教师以理论知识为主,不将理论知识付诸实践,造成了学生对体育运动"纸上谈兵"的状况;二是一味地教给学生技能,再让学生练习,没有理论知识的铺垫很容易导致学生形成知识误区,练习错误的动作技能,甚至还会因为动作错误造成运动损伤。教师应当合理规划体育的理论传授和实践应用的比重,将理论和实践相结合,更好地促进学生的体育学习,强化终身体育思想意识。

(二)正确规划课程内容

在教学内容设置中,以"终身体育"指导思想为向导,在制定教学目标时,注重分层次设定,有计划地完成体育教学任务。终身体育指导思想注重培养学生体育锻炼的技能,使之受益终身,这就要求学校体育课程的内容设置是简单便利的,对运动场地没有特殊的要求,在课程内容的安排要充分发挥体育教育的实用性,体育理论知识、运动技术技能以及常见的运动损伤护理都要涉及,有效地培养学生的终身体育意识。

(三)丰富体育教学方法

新鲜的事物总是能引人注意,新颖的教学方法能够吸引学生注意力,学生在注意力集中的情况下学习的效率也会显著提高。教师的教学手段是教学过程中十分重要的内容,是激发学生体育运动兴趣的关键,也在很大程度上决定了学生对体育知识的吸收状况。在体育教学实践中教师选择学生感兴趣的体育教学方法,并在教学过程中不断地渗透终身体育思想,可以潜移默化地培养学生的终身体育意识。例如,在体育课堂中可以采用分组教学的方法，把喜欢同一种或者同一类项目的学生分在一起，组内学生拥有相似的兴趣爱好不但可以在一定程度上提高学习的效率，而且组内讨论还可以相互答疑解惑。

（四）完善教学评价体系

体育教育的评价不能只参照学生的体育成绩，还要参照学生的学习态度、进步状况、情感体验和运动技术技能的掌握情况。多元化的评价体系是促进师生之间沟通的桥梁，可以在课程中及时发现并改正问题，以保证体育教学活动的正常进行。学校体育教学的评价体系不应该以最后的运动成绩为基准，终身体育指导思想的目的是在增强学生体质健康的基础上，帮助学生养成体育锻炼的爱好和习惯，因此学校体育教学评价体系应当注重过程评价和结果评价的统一。以终身体育指导思想为参照依据，改变之前的学校体育评价体系，在评价体系中加入师生互评，将学生的学习过程纳入评价体系中，融合终身体育指导思想的内容。

二、终身体育思想在高校体育教学中的应用

（一）终身体育教育思想与高校体育教学的关联

1. 终身体育教育思想内涵

终身体育教育思想是立足于体育学科，在全民健康发展视域下提出的思想，进一步明确体育教学对大学生体质、身心发展的重要性，并以体育教学的良好开展，助力于大学生发展，使大学生热爱体育，在体育项目中获取一项自身喜爱的运动项目，以此项目为导向，作为自身终身发展的运动项目。体育不仅在个体体质发展中具有促进意义，同时，在个体思维、心理、意志力、品质等培养中也发挥重要效能。终身体育教育思想贯穿于大学生未来发展的方方面面，使大学生通过体育锻炼，提升大学生的体质与体能，提升大学生的身体素质，从而促进教育领域更好地践行"健康第一"思想，进而达到"全民健身"的社会发展态势。

2. 终身体育教育思想特点

终身体育教育思想具有自身独有的特性，也可融入教育领域，与体育教学融合，推动体育教学的革新。首先，其具有终身性。终身体育教育思想从个体兴趣层面出发，使个体热爱体育项目，并加以针对性地引领，使个体认识到体育项目对自身发展的重要性，并将其作为终身发展、运动的一项技能，在业余时间开展相关的体育项目，使这些技能成为自身终身发展的有力支撑。其次，具有多元性。体育项目多样，而终身体育教育思想也具有多元的特点，其主张个体根据自身兴趣，在自主性、群体性体育锻炼中，选择体育项目，以形成良好的体育锻炼模式。再次，具有明确性。终身体育教育思想在个体实践中，有明

确的锻炼思想，就是促进个体身体健康发展、身心健康成长。最后，具有全民性。只要喜欢体育项目的人都可以参与体育运动，享受体育运动的快乐、培养体育运动能力、素养和思维信息。

3. 终身体育教育思想与体育教学联系

终身体育教育思想与高校体育教学是相辅相成的关系，从教育层面而言，两者相互促进融合，共同促进高校教学的革新。终身体育教育思想是在素质教育理念下提出的重要思想，在践行中，要依托体育教学场地，发挥体育育人功效，将终身体育教育思想循序渐进地传递给大学生，让大学生认识体育教学的本质，积极主动地融入体育活动中，从而进一步将终身体育教育思想贯穿于大学生体育锻炼中，帮助大学生树立终身体育锻炼观念。从高校教育层面而言，终身体育教育思想对高校体育教学起到引领作用，其与体育的教学思想、观念一致，能助推高校体育教学的进一步开展与实施，能够提升高校体育教学质量，培养大学生终身体育思想观念。总之，终身体育教育思想与高校的体育教学是体育学科中的重点内容，两者在教育实施过程中缺一不可，只有两者相互促进才能够更好地教育、引领大学生发展，凸显高校体育教学实施的价值性。

（二）终身体育教育思想的高校体育教学改革价值

1. 优化高校体育教学体系

在高校体育教学改革中，将终身体育教育思想融入其中，起到优化高校体育教学体系的功效。首先，促进高校体育教学思想观念的转变，树立终身体育教育思想观念，以此调整体育教学方式模式以及内容，并传递终身体育教育思想观念，提升教师以及大学生对体育终身思想的认知度，进而达到培养教师与大学生体育终身锻炼意识与观念的目的。其次，将终身体育教育思想融入高校体育教学中，发挥体育评价教学功效，提升体育评价教学质量，以评价教学的良好开展，为高校体育教学的实践指明方向，不断地增强大学生体育学习能力。最后，高校体育教学在改革中践行终身体育教育思想观念，促进其内容以及方式的变革，让体育教学内容呈现丰富性、多样性，并在有效的教学方法支撑下，培育大学生良好的体育素质，让大学生获取较多的体育终身锻炼信息，进而使体育成为大学生终身锻炼的项目之一。

2. 增强大学生体育自主锻炼性

在高校体育教学改革中，融入终身体育教学思想观念，能够增强大学生体育自主锻炼能力与意识。在以往教育观念的引领下，大学生体育教学的参与大多存在被动性，体育锻炼的自主性较为缺乏，这不仅影响大学生终身体育思想观念的培养，也不利于大学生身体素质的提升。而以终身体育教育思想为引领开展的高校体育教学模式，能以多元丰富的体育教学内容模式为导向，有针对性地培养大学生体育运动兴趣，帮助大学生在众多体育项目中获取喜爱的项目活动，使大学生喜好体育运动，之后教师根据大学生体育兴趣点，给予大学生针对性的教育，包含体育项目知识、体育项目技能演练以及体育文化引领，让大学生对自身感兴趣的体育项目具有更多的了解，以此培养大学生体育终身运动思维，不断地增强大学生体育自主锻炼能力。

3. 培养大学生体育核心素养

在高校体育教学改革中，终身体育思想观念的融入，助力大学生体育核心素养的培养。素质教育理念下，大学生德、智、体、美、劳全面发展被提上日程，体育教学在大学生美育、德育、智育方面都发挥着不可替代的功效。然而，高校以往的体育教学实践力度不强，也影响了大学生体育核心素养的培养。将终身体育思想观念融入高校体育教学，有利于加强对大学生的引领与教育，为大学生提供良好的体育教学场景与氛围，促使大学生进行体育锻炼，从而促进自身思维能力的提升，以此形成培养大学生核心素养的良好模式。

(三) 终身体育思想影响下的改进策略

终身体育思想下最为理想的教学行为是教师能够与时俱进增加学习终身体育的意识，自身不断完善和提高的情况下，将终身体育思想体现在自己的教学当中，及时地反思和纠正，并且能够用积极的心态和合理的语言引导自己的学生。在内容、方式和方法上有所创新和展望，对未来教育有一定的想法，结合实际对自身教学有质的提高和在教学内容当中贯彻终身体育思想，最终的目的是使学生学有所得，感受体育的魅力，领悟体育的精神，自觉提高知识积累和运用，严格要求自己，有意识地去坚持终身学习和终身锻炼。教学过程是一个不断发现问题和完善的过程，现有对策如下：

1. 课前设计行为的改进策略

（1）换位思考，注重细节。体育教师在备课的细节中，应考虑所带班级学生的特点，因材施教。在日常学习中，结合终身体育思想，给予学生良好的引导，有针对性地组织准备活动，长远意义上培养学生终身体育意识和习惯。

（2）理论联系实际，优化教学内容。体育教师应理论联系实际，从终身体育视角出发，提高授课内容新颖度，取其精华，去其糟粕，吸引学生注意力，在本质上提高对学生的重视程度。从教学的方方面面提高教学质量，凡是问题想在前面，凡是问题处理在前面，为学生终身而教。

2. 课中实施行为的改进策略

（1）提高组织形式的创新，构建良好可持续的课堂内容。教学组织是体育教师的教学重点，清晰地讲解和耐心的纠正是当代体育工作者的责任，在学生感兴趣的内容上，合理地运用一些方法，吸引学生注意力，将终身体育思想融入教学中去，创造良好的学习氛围，达到良好的教学效果。

（2）贯彻以学生终身体育打基础的教学原则。在体育教学中注意长期效益和短期效益相结合，着眼于当前的教学任务，还有为以后的体育学习打基础。要突出教会学生学习的体育方法，在任何阶段都可以将终身体育融合其中，注意培养特长，培养终身体育意识。

3. 课后反思行为的改进策略

（1）多方位多角度反思。高校体育教师课后反思中除了对学生多种形式的长期有效的监测，还有通过课后反思进行自我反省。教师将收集来的问题统一处理，合理分类和规划，并给予改正办法。这主要来源于学生的课堂表现和课后感受两个方面的参考——主观和客观。学生的课后反思一般表现为对体育知识的理解以及是否遗忘的程度，还有对知识的掌握程度，多方位多角度反思有利于学生与教师共同进步，进而促进体育教师对终身体育思想的引导和学生对终身体育思想的理解。

（2）总结评价多角度，多为积极正能量的语言。生动活泼的语言，能够给学生留下深刻的印象，能够在激发终身体育兴趣的同时，起到调节课堂气氛，让教师反思自己的教学情况，让学生反思自己的学习情况。对待青春期的学生应更多的给予人文关怀，理解和尊重，从而提高他们对终身体育兴趣的高度重视和养成终身体育学习和锻炼的习惯。

（3）合理设置反思制度，提高教师的反思质量，理智反思教学质量。教师的积极反思，能够起到总结自己的教学情况向好的方向发展，良性循环，合理设置良好的反思制度，理智把控好理想与现实之间的距离，进而更好的让学生理解终身体育思想并伴随终身健康发展。

第二节　"快乐体育"指导思想

一、"快乐体育"思想的改革路径

（一）辩证理解"苦""乐"内涵

体育锻炼就是要通过体育运动的练习来促进身体健康、增强体质，这个过程肯定是辛苦且收获快乐的。"快乐体育"的指导思想中强调的快乐的获取，是指学生在进行体育技能学习时经过自己的努力而获得体育技术的幸福感，这种自己努力的过程和努力的结果才是快乐的来源。教学实践要在正确地理解快乐体育内涵的前提下才能进行教学目标和内容的设定。在保证正确的教学方向的情况下融入快乐教学，这就要求我们在"快乐体育"指导思想执行过程中透彻理解快乐的含义，处理好"快乐"与"努力"之间的关系。

（二）把控学练过程，感悟快乐体验

帮助学生在课堂中掌握教师所教授的体育动作是最基本的教学目标，而技术动作的掌握需要依靠足够的操练来实现，所以充足的练习对掌握所学动作而言是非常重要的。练习作为课堂中的重要组成部分，组织方式的有效性对练习的质量是至关重要的。在教学中引入快乐练习法，使学生可以享受体育课程带来的乐趣，并且能够更好地完成体育教学目标。比如，在进行啦啦操的教授时，教师教授动作技巧后会让学生进行自主练习，这样的自主练习导致基础好的同学觉得没有练习的意义，基础差的同学跟不上节奏。此时可以采用快乐练习法，给学生布置所学动作创编分组，这样基础好的同学对于创编内容可以大展拳脚，基础差的同学也可以对所学的技术动作进行反复练习，以达到完成教学内容的既定目标。

（三）丰富教学方法，助推快乐体验

"快乐体育"指导思想注重学生快乐的运动体验，可以在体育教学中运用体育游戏来帮助学生获取，在游戏中既能获得快乐的游戏体验还可以学习体育技术、技能。在体育教学中合理地利用游戏教学法会激发学生对于运动的兴趣，使教学过程变得轻松和快乐。游戏教学法可以训练学生的肢体协调程度、加强学生的心理承受能力，还可以培养学生的合作、上进和竞技意识。合理地利用游戏教学法可以帮助教师完成教学任务，缓解学生的学习压力，还可以在游戏的过程中让同学们互相了解、熟悉彼此，建立良好的人际关系。

二、快乐体育教学在我国发展过程中的异化表征

（一）将"快乐体育"异化成一种教学方法或模式

有学者认为，快乐体育教学以快乐来激发学生的学习兴趣，只是众多教学方式中的一种，除了"寓教于乐"之外，还有"动之以情""晓之以理"等多种教学引导方式。还有学者认为，"快乐体育"说到底最多也只是一种教学方法，属于施教的形式范畴。当教学方式创设的精神与教学内容所描述的情景相辅相成、相得益彰时，便能够激发学生的强烈兴趣。也有学者认为，快乐体育是一种体现素质教育的模式，有一整套用于指导体育教育活动、调节体育教学过程的思想体系。主要包括全面提高学生的素质观、能动发展的学生观、主动积极的学习观及体育教育形式的整体优化观。以上观点固有一定的道理，但都带有一定的片面性，因为快乐体育不仅仅是一种教学方法或模式：（1）快乐体育教学固然要有方法，但方法必须要上升到理论层面上去考虑教学，否则必然顾此失彼；（2）快乐体育教学绝对不是一种或是几种模式所能代表的，快乐体育教学是随着教学实情的变化而变化，这种是变化是灵活的，有时也是"迫不得已"的；（3）"快乐体育"是一种体育教学

思想，其在教学手段、方法、组织形式等方面不应有固定的模式。快乐体育教学实际上是一种"寓教于乐"的体育活动，是教育艺术的高级境界。

（二）将"快乐体育"异化成"玩乐体育"

一些体育教师为实现"快乐体育"，便"想方设法"地创设快乐体育教学环境。这种置教学基本规律和基本目的于不顾，严重违背教学大纲，重形式而轻质量的行为实际是完全误解了"快乐体育"。将快乐等同于玩乐，将体育教学等同于"娱乐"，大大降低了体育教学的地位，也给一些缺乏敬业精神的体育教师创造了懒惰的温床。还有人望文生义地把"快乐"理解为"乐"与"汗""学生喜欢什么就教什么""任由游戏教学漫天飞"，等等；有些善于思考的学者从心理学的"兴趣"（直接兴趣）方面解释"快乐"。这些将"快乐体育"简单理解成"玩乐体育"的观点实则是与快乐体育大相径庭的。快乐体育教学绝不是简单的"玩乐"就可以实现的，里面一定蕴含着体育运动固有的一般规律，有成功就有失败，有喜悦也有"痛苦"。体育课不应该为了让学生开心，就"一个哨子两个球，老师学生乐悠悠"，体育课更不能变成"放羊课"，置体育课和体育教师的地位于不顾。结果受害最大的还是学生，短暂的快乐总是很快过去，由于缺乏必要的运动技能和运动体验，使学生开始对体育运动产生"畏惧感"，这种表现在课外锻炼时尤为突出。即便有些兴趣浓烈的学生，久而久之也会因此淡化，最后变得毫无兴趣。结果导致学生的体质健康问题越来越严重。

但同时也存在一些重要问题：大学生身体素质继续呈现缓慢下降，但下降幅度明显减小；视力不良检出率继续上升，并出现低龄化倾向；肥胖检出率继续增加；龋齿患病率出现反弹。学生的健康是"革命"的本钱，同时也能直接反映体育课是否具有锻炼身体、传授技能和知识及培养良好品行的重要价值。如果我们不假思索地将快乐体育理解为"玩乐体育"，忽视了身体锻炼，那只会让学生的心里高兴，身体却高兴不起来。而且还将极大地削弱体育教师、体育课乃至学校体育的地位和作用，这明显不是我们想要看到的结果。

三、快乐体育教学思想的应用

（一）快乐体育与高校体育革新之间的关系

1. 快乐体育与高校体育课程革新是不可分割的整体

不管是快乐体育还是高校设置的体育课程，都是把健康放在了首要的位置。有了这一共同目标，快乐体育和高校设置的体育课程之间就变成了一个不可分割的整体。所以，在未来的高校体育课程革新中就可以完美地将快乐体育融入课程设置的规划当中。

快乐体育和高校课程革新的目标一致，都是在保证健康的前提下，使学生以积极向上的态度完成相关的体育课程，在快乐中锻炼身体、增强体魄，促进学生德、智、体、美、劳全面发展，培养学生进行体育运动的态度、兴趣、习惯和能力，为坚持终身锻炼打下良好的基础。二者不管是在培养的方向还是方法及最终的目标上都高度吻合。在具体实施的过程中，应认真贯彻国家所倡导的教育理念和政策，积极推进素质教育，同时，要保证学生上体育课的频率，发挥教师应该承担的角色作用，不断完善学校的体育配置，也要不断提高学生锻炼过程中的安全系数。要想实现快乐体育，就必须在课程的教学方法和内容上下功夫。快乐体育和课程规划相辅相成，最终完成国家所倡导的素质教育的目标。

2. 快乐体育和高校体育课程革新相互融合

快乐体育虽然并不能够代表高校体育课程革新成功，但是这二者之间是可以相互嵌合的，也就是要在体育课程上将快乐和革新融合在一起，在快乐体育的基础上不断创新，在体育课程的革新中融入快乐。

快乐体育也是高校体育课程革新的重要体现，将快乐融入课程内容中，可以扭转学生对体育课程内容枯燥的刻板印象，让学生在体育课上能够充分感受体育的魅力，并以极大的兴趣完成课程内容，从而在提高教学质量的同时增强学生的身体素质。

快乐体育的运动也可以与传统的体育课程进行优势互补，传统的体育课存在课时少、运动量小的缺点，而快乐体育可以将体育贯彻在学生的日常中，如利用课余时间主动进行身体锻炼，既增加了学生的运动量，也能够使学生在不断的锻炼过程中感受到体育的魅力和乐趣。

除此之外，快乐体育对于场地的要求也是没有限制的，也就是说学生无论是在家还是在社区，或者是在学校，都可以利用身边的体育器材进行体育锻炼。

3. 快乐体育与高校体育课程革新之间互为目的和途径

快乐体育必须通过高校体育课程革新来实现，高校体育课程革新也必须在学校、政府和社会的共同努力下才能够推进和完成。其中，学校扮演着最重要的角色。除此之外，父母的体育观念也在影响着学生，如果父母的体育观念非常积极，学生在体育锻炼过程中一定也是积极主动的。政府和社会各界人士对快乐体育的宣传也是至关重要的。因此，推动高校课程快乐体育的革新离不开各界共同的努力。

(二) 快乐体育引导下高校体育教学改革

1. 树立体育锻炼的目标，更新体育教学的思想理念

高校体育课程的革新要有一个清晰的目标，即"锻炼身体，强健体魄"。各大高校要在这一思想理念的指引下，通过让学生主动锻炼来促进学生的身心和谐健康发展，改变以往被动学习的现象，使学生热爱学习，注重学生身体和心理的全面发展。在这一理念的指导下，学校应该积极配合教学思想的转变，放弃之前"重项目，重竞技"的教学理念，树

立健康快乐的体育观念，让学校的体育课程更加符合当今时代发展趋势，让学校培养出更多符合国家要求的高素质人才。

2. 加快构建高校体育课程新体系和课程评价体系

高校体育课程在过去相当长的时间里是以运动技术为主体，并遵守这个客观规律，在不同的时代背景下，对学生的身体素质发展起到了重要作用，也做出了较大的贡献，这是不可否认的事实。但在日新月异的今天，以前的体育课程已经不能够满足当今社会发展的要求，时代的进步促使体育课程新体系进行革新。

在"健康第一"和快乐体育的指导下，构建新的课程体系，首要的就是改变以竞技为最终目标的传统体育课，将竞技和成人化教学理念逐渐淡化。除此之外，要大力推广实用且能够达到锻炼身体效果的体育内容，还要不断更新和补充体育课理论。

新时代的高校体育课程革新，要秉持着"重视过程，不断推进"的课程理念，不断丰富体育课程内容，并且建立完善的评价体系，在以健康为本的前提下，达到提高学生身体素质的同时，对学生的意志品质和个性及合作精神等进行全方位的锻炼，不断激发学生的潜能，磨炼学生的抗压能力。这能够按照学生间身体素质的差异来进行合理评价，保证不同体质的学生都能得到客观评价，既要注重对结果的评价，也要注重对过程的评价，建立一个比较全面的评价体系。

3. 以快乐体育为前提，注重学生身体素质和终身体育意识的培养

学校体育在提倡快乐教育的同时，不可避免地会忽略对学生身体素质和自身品质方面的培养。因此，培养学生的自主锻炼能力，是学校体育教学的首要目的，也是学生养成终身体育意识的根本。自主锻炼能力和常规教育的结合是问题的根源。要想实现结合的目标，不仅要传授学生运动技能，还要培养学生的认知能力，让学生明白锻炼的意义和作用，激发他们的学习动力，使学生积极主动锻炼，同时也要培养学生对自主练习次数、时间、强度的控制能力，这将使学生终身受益。

4. 高校体育课程的革新要因地制宜

体育是一种文化，传播这种文化需要不同的媒介，而学校就是最好也是最重要的传播媒介。学校对体育文化的传承有着不可推卸的义务和责任。在传播体育文化时，要充分结合每个地区的特色，将体育资源进行充分地利用，只有因地制宜，才能够将各个地区的体育文化进行更好的传播。所以，各大高校在设置体育课的内容时要结合当地体育文化的特色来进行。要让每一个地区的体育文化都有自己的风格和特点，对其进行创新与发展，去其糟粕、取其精华，使其顺利地延续。地方优秀的传统体育项目走进课堂，不仅可以丰富学校体育课程建设的教学内容，也能够使学生快速吸收和掌握所学内容，这对学生体育意识的培养也是一个良好的启蒙和开端，能够进一步推动快乐体育理念的传播。

5. 加强体育文化建设，营造快乐体育之风

体育运动是健康的良药，体育学是国家一级学科，体育课是国家规定的必修课，体育教育是培养良好性格促进全面发展的重要手段，体育的重要性可见一斑。孔子曾曰"性相近也，习相远也"，一个好的体育氛围能对学生的身心健康发展起到独特的、其他形式难以替代的作用。近年来，日本中小学正在积极营造富有新意的体育氛围，如通过亲子情感的互动，激发孩子参加体育运动的兴趣，同时也让父母认识到体育锻炼的重要性。开展以鼓励学生步行为中心的"挑战徒步上下学"活动，鼓励学生从最简单的步行开始，养成每天锻炼的习惯和良好的生活方式等。我国学校体育在这方面也做了许多努力，除了定期举办的校园体育节、校运动会等运动竞赛，还组织了许多有益的课外实践活动，对校园体育文化建设有重要作用。今后，我们要组织更多的有益的课外体育活动，要继续落实我们的"阳光体育"工程和"每天锻炼一小时"政策，让每个学校都能形成一股积极、健康、快乐的校园之风，让每个学生都热情参与，体会运动的魅力，并伴随他们的终生。

第三节　"健康第一"体育指导思想

一、"健康第一"思想的改革路径

(一) 端正学校体育的作用价值

体育分为学校、社会、竞技体育三个范畴，学校体育只是其一，但是如今人们习惯于将青少年体质的羸弱归咎于学校体育。学校体育主要是体育教育功能，但在现实中人们总是从大众社会的角度去审视学校体育，使学校体育教育脱离了本质。在学校教育这个互相联系、密不可分的大系统中，德、智、体都是促进学生健康的相互作用的重要因素。学校要端正教育思想，长期以来，应试教育笼罩下的学校教学评价都是以升学率作为评价标准，使学校体育卫生工作被忽视。保证学校体育卫生工作的开展不仅有利于学生发展自己的特长、丰富课余文化生活，还可以促进学生放松身心、劳逸结合，更好地提高学习效率，而且对于进一步助力学校体育工作的实行具有重要的意义。

(二) 改革教学内容和评价体系

在学校体育教育中，针对"健康第一"指导思想的实行，学校应该组织体育与健康课题研究小组，在保证教学实践者充分、深层地了解掌握"健康第一"指导思想的基础上，将"健康第一"指导思想融入体育教学活动中，根据学生年龄差距、身心发展的规律制订不同的教学内容。教学内容的制订要精选内容，体育知识、体育技术技能和社会适应等方面的内容都要有所涉及。还要建立多元化的教学评价体系，实现评价理念的流动性、评价

方式多元化。根据新的政策和指导思想的标准，改革课程体系，研制出符合"健康第一"指导思想的课程标准。

二、"健康第一"教学思想的应用

(一) 高校体育教学改革思路

1. 树立"健康第一"指导思想

正确认知"健康第一"理念，培养德、智、体全面发展的人才，为社会主义现代化建设提供高素质的人才。社会的发展对人才质量提出了新的要求，现代科学技术的飞速进步使得体育理念、体育教学理论、教学方法、教学评价等不断变化和发展，高校公共体育的教学改革要淡化传统"竞技运动"的教学模式，树立"健康第一"的指导思想，体现"以人为本""增强体质""终身体育"等内涵，从而促进大学生身心全面发展。

2. 体育教学应遵循因地因时制宜原则

高校应根据学校的实际情况，因时因地制宜进行公共体育教学改革。因此，高校在公共体育教学改革时，可以根据高校自身的办学特点以及所具有的人力、物力、财力资源进行改革。例如，充分利用有体育特长的教师、学生等，充分利用校内外场地设施、自然资源等，始终围绕"健康第一"理念，开设具有学校办学特色的课程。

(二) 健康第一教学思想引导下高校体育教学改革策略

1. "健康第一"理念指导体育教学

首先，"健康第一"理念的提出与我国大学生身体的实际状况相符合，更是实现现代化教育的基本诉求。现代大学生的身体素质下降十分严重，肥胖、超重以及视力不良率也在不断地提升，这不仅会严重影响学生的学习，并且对学生未来的生活以及工作都会产生影响。站在长期的角度进行分析，必然会对我国新生劳动力的素质产生影响。因此，高校开展体育教学改革的过程中，应当将"健康第一"的理念充分贯彻落实在教学中，提升教学质量，为学生的长远发展提供充分的保障。此外，"健康第一"理念的落实还需要依托于"终身体育"以及"素质教育"。体育教学的最终目标就是健康，但是健康不仅包含身体方面，同时还包含社会以及精神层面的因素。

其次，为了充分实现大学生的健康教育，则应当高度重视素质教育。大学生树立起良好终身体育意识有着十分重要的作用与意义。因此，"终身体育""素质教育"与"健康第一"理念之间存在着密不可分的联系，为了保障"健康第一"的教育目标真正实现，还应当切实做好"终身体育"以及"素质教育"。相应地，只有始终坚持"健康第一"理念才能实现"素质教育"和"终身体育"。

最后，在开展日常教学的过程中，为了充分保障"健康第一"理念得到落实，应当重视课程评价、课程建设、教学方法、课程内容、结构、设置以及目标等多个方面的创新与改革，将"健康第一"的理念充分地体现在教学过程中，创造良好的条件，真正实现大学生的全面健康发展。

2. 完善课程设置和结构

当下在进行体育教学的过程中，很多高校的课程设置基本上都是以教育部的要求为准，体育课程是大一与大二的必修课，对于大三及以上的学生则是选修。我们应当积极改变这种教学模式，大学体育作为"终身体育"的组成部分之一，现代体育课程的基本要素就是确保体育课程的延续性。只有充分保障其自身的延伸性才能够将"健康第一"的宗旨充分贯彻到实处。因此，在开展工作的过程中，要适当地增加大学一二年级学生体育课的时长，为学生的锻炼时间提供充分的保障；而对于大三以上的学生，则应当重新将体育课作为必修课，在课时设置的过程中可以适当地减少课程时长，以此保障高年级学生对于体育的学习需求得到充分的满足，对学生身体进行有效的锻炼。

首先，在安排课程时，教师不但要重视课堂内与课堂外的教学活动，还应当在做好本职教育工作的基础上促使学生牢固地掌握基本体育知识与技能，在这种教学模式下，组织学生开展体育锻炼以及校外体育活动，对教学内容以及形式进行拓展。

其次，每一次的实践都不能脱离科学的理论指导，体育教学也一样。要提高学生锻炼的自觉性，需要增设体育科学技术的理论课时，从而促使体育科学理论教学内容进一步深化，以保障学生对于体育科学技术的认知范围得到拓展，充分激发学生积极参与体育锻炼的自觉性，助力学生健康成长。

最后，老师需要充分发挥主导性。目前体育教师在授课的过程中，主要作用是发挥教师和学生的主体，开放式、探究性的教学，教师的主导地位和作用在课堂中体现较少。在体育教学的课堂中，教与学是冲突的。这一矛盾双方之间的地位可以相互转换，但是"教"又是矛盾的组成部分，决定着"学"的好与坏。所以，体育教学中老师的主导性具有十分重要的价值。即使是在"三自主教学"的大背景下，学科老师的有益指导仍发挥着重要作用。高校也要针对情况特殊的学生，有计划地开设卫生保健、康复课等多门课程，增强他们的体质，真正实现"健康第一"的教学目标。

3. 完善课程内容，改进课堂教学手段和方法

在教学内容方面，要真正反应"健康第一"，还应该注意做好各阶段教学内容的衔接，将优秀传统体育艺术内容纳入体育教学中，积极开展太极拳、五禽戏等优秀传统的体育艺术活动教学，同时达到"健康"的宗旨。同时，体育教学也可以吸取和借鉴西方国家的体育文化精髓，充实体育教学课程。另外，要不断完善和创新教学手段，形成个性化、多样

化教学方式，鼓励不同班级的学生进行互动和交流，从而提高学生自主参与的积极性。如牡丹江师范学院开展了"同助教学法"（在老师的主持下，学生们在课堂上互相帮助、纠正、激励、启发，课后互相辅导、同学之间进行切磋的一种互帮互学的教学方法），在实际教学中，这种方法可以产生良好的教学效果，值得学习。

4. 增添体育设施，改进考评办法

体育设施的建立是进行体育课堂教学的基础和条件。目前，许多高校，尤其是二类和三类的高校，体育运动的场地、器材已经远远无法适应这一时期的体育课程建设的需要。因此，我们必须利用各种形式及时采取切实的措施，加大体育课程教学的资金投入，确保体育课程正常运行的同时提高教学质量。要继续完善和不断创新考评指标管理工作办法，从而确保各项考评指标内容更加准确符合"健康第一"等指标要求。如果把握好了考评的工作，体育教学的最终目标也会随之顺利地得到落实。

第四章 高校体育教学的模式构建

第一节 体育教学模式概述

一、传统体育教学模式

传统体育教学模式在我国是一种最具有代表性的体育教学模式，一直受到体育教师的青睐。受"主智主义"的教育思想影响，在教学方面强调基本知识、基本技能和基本技术教学的传授，以运动技能教育观为指导思想。教学过程通常划分为开始部分、基本部分和结束部分，在课堂教学中教师按照教学大纲首先提出教学任务与目标，使学生了解要做什么，通过讲解法和示范法使学生在感性认识的基础上明确要怎么做，再用完整法、分解法、纠错法，在教师指导下，组织学生经过反复练习后逐步掌握运动技能，最后教师对学生的学习结果做总结性评价。传统体育教学模式是在教师的指挥下统一行动的，所以在师生关系上强调的是以教师为中心，教师是主导者，而学生只是接受者。正是由于教师的主导作用，教师可以随时控制课堂情况，在教学组织上严密控制教学的每一个环节，严格控制练习的密度和强度，有利于运动技术的传授，使学生有效掌握基本知识、基本技能、基本技术，对学生身体素质的提高也起到了积极的作用。但这种学习模式忽视了学生的主观能动性，使学生始终处于一种被动的学习状态，没有主动参与到体育教学活动中来。

随着新课改的不断深入，从最初加强体育运动，重视"三基"个性化，发展到现在重视健身和终身体育培养，单一的教学模式已无法满足现代体育教学改革目标、任务的多样化和学生对体育学习的需求，我们不能固守一种教学模式，使体育教学单一化、公式化，所以说体育教学模式的创新和转型是很重要的。当然，传统体育教学模式并非一无可取的，我们要在沿用传统体育教学模式的基础上，结合新型体育教学模式研究成果，进一步地推动我国的体育教学改革。

二、体育教学模式的分类

近年来，随着人们生活水平的不断提高，也越来越重视健康观念，我国的体育发展比较迅速，但体育理论方面的研究并不是很好，尤其是体育教学模式理论研究较少，体育教学模式是一个理论与实践相互依存的关系问题，至今为止，依然没有一个统一的标准。本书将体育教学模式的概念定义为，在体育方针政策的指导下为完成体育教学既定的目标而对体育教学活动过程的设计与创新，同时完善体育评价的综合过程，也可以将体育教学模式理解为一种教学过程与教学设计，最主要的目标是让学生产生兴趣和获得健康锻炼。

体育教学模式包括体育教学指导思想、单元教学计划、教学步骤及教学方法，它不是由几个要素进行简单相加的叠加态构成的，而是这些要素的有机结合。这些要素是相互作用且不能分离的，只有各要素环环相扣，协同发力才能使体育教学模式发挥其应有的作用。

体育教学指导思想就像一根主线，始终贯穿在整个教学过程中，阐述和指明了体育教学活动发展的方向，能够体现体育教学的本质特征，间接表明整个社会的发展趋势。目前我国主要存在的体育教学指导思想有体质教育、技能教育、全面教育、竞技体育、快乐体育、终身体育等思想。单元教学计划包括单元教学的学习目标、学习内容、学习的重难点、单元大小以及教学实现条件等。制订单元教学计划，不仅可以凸显预期的教学目标，也能够让教学过程更加清晰，同时也增加了教学过程的流畅性。在确定教学思想并制订单元计划后，接下来便要列出具体实施的教学步骤，包括实物设置→提出问题→学生尝试性练习→讨论与分析→提出具体的练习方法五个小环节。体育教学方法是指体育教学过程中为实现教学目的、任务而采取的各种教学活动方式和手段的总称。教学方法的种类有很多，每一种教学方法都是为实现教学目标而设定的，因为体育教学的每一个步骤都需要有相应的教学方法来维系其程序的稳定性。

一个新事物的诞生与发展是一个非常复杂的过程，任何一个体育教学模式的产生都必须遵循一定的发展规律。只有在具备以上四个要素的基础上，才能形成体育教学模式，而且这四个要素之间应是相辅相成、相互作用、缺一不可的关系，这样才能达到预期的教学效果。

体育教学的功能是多种多样的，不同的教学模式、教学过程产生不同的教学效果，有的侧重技能提升、有的侧重情感体验、有的侧重提高身体素质，根据不同体育教学的功能，我们将体育教学模式创新成果分为三类：一是侧重技能学习的教学模式，二是侧重情感体验的教学模式，三是侧重提高身体素质的教学模式。由于当前各种体育教学模式种类众多，在内涵和名称上存在着交叉，从而造成理论和实践上的一些混乱，其中还有一部分体育教学模式的操作程序不够具体，所以我们在分类时，过滤了一些不太成熟的体育教学模式，重点对较为成熟的体育教学模式进行了分类。分类结果如表 4-1 所示。

表4-1 教学模式分类表

教学模式类型	教学模式
侧重技能学习类	启发式教学模式、分组教学模式、程序教学模式、"三自主"教学模式、课内外一体化教学模式、多元反馈教学模式、目标教学模式、翻转课堂教学模式
侧重情感体验类	互动教学模式、领会教学模式、竞赛教学模式、角色互换教学模式、情景教学模式、成功教学模式、游戏教学模式、合作教学模式、快乐体育教学模式、探究式教学模式、多媒体教学模式、趣味教学模式、异步教学模式、小群体教学模式
侧重提高身体素质类	运动处方教学模式、"课课练"教学模式、模块式教学模式

其中，侧重技能学习类的教学模式主要以提高学生对动作技能的学习和掌握，促进学生运动水平的提升为主要目的；侧重情感体验的教学模式主要以激发学生对体育活动的兴趣，促进学生身体素质与心理素质的健康发展，培养学生的终身体育思想为主要目的；侧重提高身体素质的教学模式主要以增强学生体质，促进学生健康发展为主要目的；侧重提高身体素质类的教学模式较少，是因为身体素质的发展仅仅依靠体育课堂是不行的，需要学校、家庭和社会的充分重视，以点带面，才能全面提升学生的身体素质水平。

新型教学模式并不是凭空构建的，而是在传统教学模式的基础上进行的，再结合实际问题，最后创造出新的教学模式。新型教学模式的构建为现代体育教学的发展找到了灵活、适宜、有效的方法。要改变学生的学习方式，就要使学习方式由单一性转向多样性，让学生在实践中学习、在思考中学习、在快乐中学习、在不断的练习中学习、在合作的环境中学习，让同学们了解和掌握更多的学习方式和思考方式，体会学习的奥妙，使同学们在收获知识的同时，体验学习的乐趣，获得多方位的发展。

综上所述，各种体育教学模式创新的目的是更好地提升学生的学习效果和课堂效率，突出学生课堂主体的地位，让同学们成为课堂的主人。

三、体育教学模式的内容

（一）教学内容具有时代性

高等学校学生发展较为成熟，可支配时间相对较多，这个时候就应该重点培养学生的运动技能，让学生主动参与体育活动。高校应该根据学生的能力和特点适当扩大可选择的运动领域和项目，通过学生自主选择的过程，使学生真正找到自己喜欢并且适合的体育项目，从而能够让学生主动地去参与体育锻炼，积极地学习和掌握相关运动项目的知识、技术和技能，让学生真正知道如何进行体育锻炼，从而培养学生自我提高体育技能的能力。

因此，在体育课程内容的设置上，应根据时代发展的特点和需求与时俱进。

（二）教学内容具有发展性

现阶段大多数高校体育课程的内容依旧与中小学内容相差不大。只是在高校体育课程中应更多地从"终身体育运动项目"的概念出发，高校体育要和终身体育相结合，应当选择设置一些方便学生在毕业之后长期锻炼的体育项目。同时，现阶段的高校体育课程在设置上应当舍弃简单、重复的弊端。在课程的设置上，可以将学生所选项目分为基础班和提高班，避免学生在体育学习的过程中出现觉得所选课程难度太大或者过于简单的现象，真正让学生根据自己本身运动能力和技能水平来选择适合自身需求的运动项目。

（三）完善体育理论

现阶段高校体育课程的理论课大多数停留在对体育课堂内容的介绍和技术方面的讲解，这虽然能够在一定程度上帮助学生增加对体育项目的了解，使学生在体育课的练习和课后锻炼中通过自己的运动体会，强化对所学内容的理解，但不是所有的体育活动都适合这一方式。高校学生应该根据实际情况去制订、调整锻炼计划，因此，高校应完善体育理论课的内容与范围，在理论教学中应加强体育知识、体育运动欣赏及运动康复知识的传授，使学生学会自我保护与护理，学会观赏体育比赛，看得懂体育比赛。

四、体育教学模式的方法

（一）正确处理教师和学生的关系

就现阶段而言，大多学校的体育教学模式都存在过于强调教师的主导作用，学生主体地位不明显的问题。近些年来，随着教师资质水平的不断提高和对教学模式的改进，这种状况虽然在一定程度上得到了改变，但相当一部分体育教师对发挥学生主体作用的认识仍然不够全面，认为"调动学生学习积极性"就是尊重学生主体的表现。学生主体地位具体表现在学生学习中的自我需求、自我完成和自我创造方面。其中，学生的自我需求主要表现为学生能根据现代社会发展的要求，通过教师的教导以及自己在参与课堂教学学习的过程中，结合自身的实际情况，切实选择符合自己发展的目标，并且对老师的教学内容加以吸收和理解，从而达到实现自我完善的目的；学生自我完成是以学生的学习态度十分明确和端正为参考，使学生能够对自己的体育学习兴趣进行很好的调节和控制，不断追求完善，敢于突破，在课堂学习中和课后体育锻炼中不断地追求进步，从而实现自我突破和完善；学生的自我创造来源于自身发展的需求以及未来发展的需要，只有在有需要的前提下学生才会不断地去学习新知识，去追求完善。需要说明的是，强调发挥学生的主体作用，不是单纯地学习杜威教育思想，也不是对教师作用的全盘否定，反而是一种加强。同时，学校也应该重新认识与定义教师与学生的关系，要求教师在教学中从调动学生学习积极性的方面考虑，更全面地、立体地发挥学生在体育学习过程中的主体作用。

（二）因材施教，尊重学生个性发展

随着社会的不断发展，各种新兴事物的出现，人们的生活日渐丰富起来，人们的个性也得到了极大的发展。教育水平也是随着社会的发展而不断进步的，现代教育也越来越重视每个人在接受教育的同时能够根据自己的实际情况获得提高与充实，从而达到个性发展的满足，高校体育教学同样也应该遵循这一基本的原理。这里我们需要强调体育个性，即学生在体育活动中展现出来对运动的自我掌握与调控等能力。目前，我国从中小学就开始推广阳光体育、健康体育，使每个学生都能参与到体育活动中来，并且通过体育课的学习和课外体育活动的参与，使学生找到自己的兴趣所在，真正发挥自己的优点与特长，这就更要求高校体育能够承上启下地为学生提供、创造充分发展个性的机会。因此，在体育教学中要通过教学活动和身体锻炼发展提高学生的个性，使他们积极享受体育活动所带来的乐趣，领略到体育的魅力，使每一个学生都能知道自己的水平和能力，这就是体育教学中的普及性。

第一，提倡"全方位的人际互动"。高校体育课不应只局限于课堂短短的两个课时，而应是全天候参与，无论是早操还是社团活动都应该有教师与学生的互动，通过课堂教学和课外活动的交流与反馈，教师能够及时地辅导与帮助学生真正掌握终身运动项目所具备的要求。课堂中，教师需要使用讲解、示范、纠错等方法手段让学生明白运动技能的重难点，而学生则通过教师的指导纠正自己的错误。在参与早操或者体育社团活动的过程中，学生可以进一步强化课堂内容，在时间更长的课外体育活动中能够更加充分完善所学运动技能，从而达到体育教学的目标要求。同时，教师对早操等的参与不仅只是作为监督者，而应更加深入到体育社团的管理中去，当学生遇到困难时，可以与学生共同探讨、共同解决，达到"全方位的人际互动"。如此一来，学生能够在学习过程中主动要求进步，自主探讨进步，并且教师也能够及时地给予帮助与指导。通过"全方位的互动"不仅能解决课堂时间短、学生达不到锻炼提高这一目标的困难，而且能够通过课余时间使教师与学生更多地接触互动，促进师生之间关系和谐发展，提高教师的教学水平，促使学生更加积极地参与体育活动。

第二，提倡"现代化教学"。作为整个教育现代化的重要标志，教学中我们应该鼓励提倡"现代化的教学"。体育教学作为高校教学的重要环节，随着对学生身体素质和终身体育观的重视也受到了越来越多的关注，并有了更多的要求，除了常规的体育课程教学和体育课外活动外，学生对于体育理论知识、裁判及比赛组织、自我锻炼指导和体育比赛欣赏等方面也提出了更多、更全面的理论需求。随着学生接触项目的增多，需求越来越丰富，对高校体育运动项目的开设、场地器材、教师能力要求也越来越高。在这种情况之

下，必然使得高校体育教学的教师与运动场地资源日趋紧张，很多热门运动项目课程由于选课人数众多，教师人数、场地器材紧张等原因仍有许多学生的选课愿望得不到满足。

第三，使用网络体育教学手段。更多地使用网络体育教学手段，可以对旧的体育学习观念进行新的补充，主要体现在以下几个方面：一是它使高校体育教学活动由知识"示范、讲解"转变为重视对学生创造精神和实践能力的培养，由体育技能学习型向体育技能知识发展型转变，为终身体育意识的成熟奠定了基础。二是体育网络教育平台的普及开展，一方面可将高校体育教学由课堂扩展到课外，提高了体育教学生活化的程度；另一方面学生还可根据自身的课程安排时间、对需要学习的内容通过网络教学平台有目的、有选择地进行学习，不仅可以安排在统一的学校多媒体教室，还可以自己选择寝室、图书馆、教室等作为学习场地，这种时空的突破性使得"教育生活化"，为终身体育的实现创造了物质条件，使学生有条件实现从单一的高校体育课堂学习走向终身学习教学内容的突破。三是高校体育如果只是单纯地围绕着教师和学生，仅仅通过课堂的传授、学习技能知识，就会造成学生自主性学习的培养与发挥受到制约。因此，建立健全的系统学习平台可以为教师与学生提供一个庞大资料库，汇集优秀高校、体育相关部门、图书馆等信息资源、网络教学资源，方便高校师生学习体育相关知识、了解当前体育动态、体育发展，和体育赛事的最新知识，通过网络教学平台可以达到师生互动、促进进步的目标。

五、体育教学模式转化机制

在我国，体育教学的创新成果的转化率之所以如此低下，主要是因为没有科学的转化机制。只有形成有效的转化机制，才能加速教育成果的转化。教学成果的转化机制是指教学成果转化为制度化的方法，是使教学成果能有序转化为教学资源的保障制度。教学成果的转化机制是一种约束方法，要求教师不能以自己的爱好或经验来进行教学，要严格遵守教学管理制度。教学成果的转化机制还包括各种监督手段和方法，通过这些手段和方法的结合发挥管理作用，才能形成一个完整的教学成果转化体系，使教学成果转化稳定持久地运行。

（一）体育教学模式创新成果转化的动力机制

第一，政府是动力机制的支持力。政府对于体育教学模式的转化推广起到宏观调控和引领作用，是转化发展的动力源之一。

第二，学校是动力机制的牵引力。学校作为引领体育教学模式转化推广的主要构建要素，是具有一定约束力的行政组织，应将该机制构建作为学校教学管理的基本内容。制定教学管理的有关规章制度，规范运用体育教学模式创新成果的转化过程，通过引导合理激励和保障教学模式的转化得到有力实施，鼓励师生积极参与，使转化动力机制良好地运行。同时，学校也要根据本校特点，做好长期的科学规划和建设步骤，逐步完善教学模式转化推广的动力机制，加大教学专项资金投入，优化体育场地和设备，建立健全的教学管理规章制度，为教师的教学活动提供保障，引导体育教学模式创新成果转化的动力机制构建。

第三，教师是动力机制的内驱力。教师是组织教学活动的主体，是体育教学模式创新成果转化的内在驱动力，动力来自教师对新型教学模式的认知以及兴趣，兴趣是动力的源头，如果教师对教学模式创新成果学习的态度不认真、目标性不强、意志力不坚定，也会影响教师对教学模式创新成果的学习效果，所以教师积极地参与意识和参与动机是动力机制构建的关键，使教师从内心真正接受新的教学模式，他们才会主动地探索其中的知识和价值。培训是教师学习体育教学模式创新成果的有效途径之一，也是教学模式成果转化的关键环节，学校可通过组织培训学习的方式对教师进行引导，以教师的需求为出发点，着重解决教师在体育教学实践活动中遇到的问题以及所面临的困惑，帮助教师解决实际的问题。

（二）体育教学模式创新成果转化的运行机制

运行机制是事物运行发展中的结构、功能和作用原理，需要各结构要素之间相互配合，发挥合力，做到既有动力又有平衡，才能保障事物的有序运行。

运行机制是教学模式转化过程中的主体机制，体育教学模式创新成果转化的运行机制是指体育教学模式转化的内在机能和运行方式，是引导和制约体育教学模式转化的决策，是各项活动的基本准则，是决定体育教学模式转化行为的内外因素及相互关系的总称。教学模式转化的运行机制是教学成果、资源、学校制度体系、教学环境等各种要素的总和。由于教学创新成果与科技成果是不同的，它的转化主要依赖于教学实践，因此只有服从运行机制才能使教学成果稳定有序地转化，也就是教学管理部门的组织管理、教学体制等原则。一方面，体育教学模式转化的运行机制需要相关部门加大宣传力度，进行宣传教育工作，通过宣传教育的手段使教师具备学习体育教学模式创新成果的新教学理念，在体育教学模式转化推广的起步阶段，为广大一线体育教师营造一个良好的舆论氛围，使教师接受体育教学模式创新成果教学理念的熏陶，为教师提供有利的环境，激发教师的积极心理。另一方面，要改善对教师的考核制度，在考核评价制度中应该采取竞争的手段，淘汰那些单一的、讲授内容枯燥乏味的教学模式；对于教学内容新颖，能够充分调动学生上课积极性、有创造性的教学模式，学校应投入更多的教学资源，以提高教师的授课积极性，更好地服务于学生。这样也可以调动更多体育老师采用新型体育教学模式授课的积极性，从而更好地契合我国体育教学深化改革，将学生置于课堂的主体地位。

只有提供良好的教学环境，才有利于更加高效地转化。体育教学模式的转化应当由各级教育管理部门、学校以及体育教师组成一个创新教学模式推广的组织结构，分别承担各自相应的责任：教育管理部门负责教学模式转化推广的宣传、领导和统筹工作；学校负责保障场地、教学器材、设备和各种软硬件设施，制定科学合理的教学管理制度；教师是体育教学活动的实施者。通过三方的结合使教学成果转化推广工作得到保障。

（三）体育教学模式创新成果转化的约束机制

约束机制主要是指通过教学监督、教学评价等方式，促使教师在新型体育教学模式转化过程中自觉遵守教育规章制度，形成良好的转化方式。通过不断完善教学模式转化机制的教学跟踪指导制、阶段汇报检查制等，严格监督教学活动中的每--个环节，对教师的教学工作及时进行评价，促进体育教学模式转化各环节的制度完善，有序转化。体育教学模式创新成果转化约束机制的完善，主要是为了加强对教育模式转化过程的管理，建立具有约束性的转化制度，保障教学模式的顺利转化。

（四）体育教学模式创新成果转化的激励机制

一方面，教师要转变"重学术，轻技术"的目标观念。这种目标观念使教师将大量的时间和精力放在教学成果的数量上，而忽视了教学成果的转化，导致很多教学成果被束之高阁，从而造成教学资源的浪费。因此，要使体育教学成果能够顺利地转化到体育教学实践中，首先就要制定科学合理的激励机制，转变教师的目标观念，学校领导也要摒弃这种观念，要重新认识教学成果的转化对于提高教学质量与人才培养质量的重要性。只有学校领导的观念真正转变才能对教师产生影响，对教师起到目标激励的作用。正确的目标观念在体育教学及体育教学模式创新成果转化中具有至关重要的作用，因此学校领导和教师都应该树立正确的教学观念和目标，发挥激励机制的作用，使教学成果转化工作能够顺利进行，通过体育教学模式创新成果转化提升教学质量和人才培养质量才是教学活动的主要意义。

另一方面，建立科学规范的激励机制能够创造教学成果转化的浓厚氛围，引导更多的教师积极投入教学成果转化的工作中来，促进体育教育事业的发展以及对人才培养方式的创新。因此，加快建立科学高效、运转协调的激励机制，应是体育教学模式创新成果转化推广工作的重要内容。激励机制主要包括内部激励与外部激励，即物质激励与精神激励，物质激励是指根据有关规定给予在体育教育工作中做出突出贡献或将取得的创新教学成果成功转化到教学实践中的教师物质方面的奖励；精神激励是对教师社会地位和价值的认可，使教师在精神上得到满足感，可通过开展讲座或者教学实践等形式，邀请在体育教学模式创新成果转化工作中做出突出贡献或者在体育教学实践课中将教学模式转化效果较为成功的教师向其他教师传授教学经验，不仅可以体现他们的人生价值，使这些为体育教育事业做出贡献的教师得到应有的荣誉，也可以带动其他教师形成创造性思维，让更多体育教师参与体育教学模式创新成果转化到教学实践的工作中，只有这种科学的激励机制才能有力地推动体育教学模式创新成果的转化。

（五）体育教学模式创新成果转化的评价机制

在完善学生评价制度的同时教师的评价制度也要有所改变，首先要改变教师的传统评价方式。传统教学模式下对教师的评价存在以下几个方面的问题：传统的评价过程缺乏民主、评价标准单一、评价方法过度量化、评价工作过于形式化、学校领导及教师的评价观念落后等。在新课程改革的大背景下，要求改变传统的教师评价制度，学校不能仅仅用规定指标来考核教师的成绩，也不能模糊新课程改革对教师的评价标准，简单地给老师打分。第一，对教师进行评价时，应从教师的发展性方面来重点考核，以促进教师的发展为目的进行评价，并通过多角度、全方位的评价来激发教师对工作的主体责任感，增强教师的职业认同感；第二，对教师进行考查时，应注意教师的主体地位，以教师为本，重视教师的个人努力，消除教师对评价的抵触心理，使教师、学生、学校三者协调一致地共同发展；第三，要注意从教师的工作态度、责任心、创新意识、教师驾驭新型教学模式的能力等方面来进行客观的、公正的评价。

目前，我国体育教学模式成果转化程度一般，一部分原因是校园场地、设备的不完善。因此，学校应加大资金投入，进一步改善体育教学条件，为新型教学成果运用到实际教学活动奠定基础。同时，学校要制定相关制度，开展多种培训方式，为教学模式创新成果的转化培养优良的师资。

第二节　体育教学模式的构建与应用

一、运动教育模式

运动教育模式是由美国体育教育家达里尔·西登托普在 20 世纪 80 年代初基于自己的游戏理论所提出的关于提高体育课程教学效果的教学模式。运动教育模式在整个教学过程中以比赛为主线，以固定分组、角色扮演为组织形式，运用直接指导法、合作学习法和伙伴学习的学习方法，让学生体验到运动中各种不同角色的职责，在体育课程中提供给不同运动水平的学生真实的、丰富的运动体验。试图在游戏和运动比赛之间建立某种联系，通过对运动规则的修改和运动策略的适时调整，使运动更加适合学生的水平，最终使学生成为有运动能力的、有运动教养的和热情的运动者。

（一）运动教育模式的内容

运动教育模式的教学内容主要包括运动季、团队关系、正式比赛、最终比赛、成绩记录和庆祝活动等方面的内容。其中，运动季相当于传统教学模式中的教学单元，但与教学单元不同的是运动季的教学时间更长，包括练习期、季前期、正式比赛和季后赛四个部分。团队关系主要是指在运动教育模式中，学生在自愿的基础上，按照男女比例相等和竞技水平一致性原则进行团队分组，以这种教学形式培养学生的团队意识。正式比赛贯穿整个教学课程中的各个环节是运动季的重要组成部分，最终比赛是决定冠军和庆祝运动季的重要时刻，也是运动季结束的主要形式，是对学生进步与努力的最终检验。成绩记录主要记载学生及团队的进步情况，如比赛的名次、时间、动作得分等，可以为个人和团队提供明确的反馈，从而不断调整学习策略。庆祝活动是通过颁奖典礼等相关仪式，将整个赛季节日气氛推向顶峰的结束方式，对学生而言意义非凡。

（二）运动教育模式的特征

1. 比赛贯穿整个教学过程

运动教育模式是以竞赛为中心的，体育竞赛贯穿整个教学过程。比赛具有竞争性、娱乐性等特点，通过比赛的形式，可以让学生们在平时生活中形成良好的竞争意识，并且在比赛中享受体育活动带来的身体的放松和心灵的愉悦。在教学中，采用竞赛的形式来激发学生的学习兴趣，将学生的技术练习转变到体育竞赛的活动中来，从而更好地提升学生运动水平，达到完成教学目标的目的。通过比赛的形式，可以在学习运动技术的初期改变传统的热身操等枯燥乏味的活动，引入新型有效的热身形式，以便于学生在上课时，迅速提高注意力，并达到学习运动技术的身体准备阶段。这在一定程度上节约了上课时间，提高了教师教学行为的有效性。同时，通过比赛的形式，可以在理论与实践中搭起"沟通的桥梁"，将体育的理论运用到实践活动中去，达到理论和实践有机结合。

2. 团队协作凸显了学生的主体性

在运动教育模式中，学生是以学习小组为单位进行体育学习的，学生可以自愿或按照老师的要求进行小组成员的划分，进行体育学习和竞赛。在比赛前，小组成员互相激励，并且尽最大可能在比赛之前组织赛前训练，预先了解和进行比赛准备。在竞赛的过程中，学生会从被动的知识学习变为主动的知识获取，从而促进学生加快对体育技能的掌握。在比赛中，小组成员通过一同制订比赛策略、参与比赛过程等，团队协作完成比赛，学生是完成比赛的主体，在比赛中协作意识和团队精神都有了很大的提高。在比赛后，小组成员可以一起体验成功和失败，互相交流比赛经验，以此形成自己独特的团队文化，小组成员的团队凝聚力意识得到提高。

3. 培养学生体育学习兴趣和成功体验

比赛具有竞争性、娱乐性等特点，通过比赛的形式，可以让学生们在平时生活中形成良好的竞争意识，并且在比赛中享受体育活动带来的身体放松和心灵愉悦。通过创设竞赛情景，在培养、调动学生的体育学习积极性时，让学生在竞赛中获得成功的体验。此外，在结束赛季后，教师和学生要举办庆祝活动，对一个赛季的比赛进行总结，也要对学生取得的成绩表示认可和表扬，使学生在庆祝活动中获得自我成就感和成功体验，激发学生对体育学习的兴趣和热情。

4. 强调运动技能学习的情境性和连贯性

运动教育模式主要是强调学生竞赛，来帮助学生在技能学习的过程中植入一种情境，是组织学生进行学习并解决问题的一种"表演"过程，从而让学生对理论知识进行深入理解和感悟，并且能够熟练掌握运动技能。正是在这种情境性的技能学习中，教师无法进行常规的"动作分解"教学，只能强调学生通过不断地完成完整的动作来进行技能练习，即保证运动技能学习的连贯性。然而，需要明确的是，运动教育模式并非完全利用运动情景培养学生的运动技能，实际上，无论是在赛前的准备期还是赛中的比赛期，教师均有足够的时间利用传统教学模式进行技能的讲授，一方面帮助学生储备基本的比赛所需的运动技能，另一方面帮助学生进一步熟练和理解技术动作，进一步强化学生的运动动作理解和记忆。

（三）运动教育模式在高校篮球教学中的应用

1. 运动教育模式的课程教学设计

课时设置：16周，共32学时。

教学内容：

（1）熟练掌握运动教育模式的学习方式；

（2）篮球运动的基本知识；

（3）篮球基础体能；

（4）篮球基本技能、技战术；

（5）规则与裁判方法。

教学目的：熟练掌握运动教育模式，掌握篮球基本知识，提升篮球基础体能，提高技战术水平，激发运动兴趣，促进全面发展。

运动兴趣的提升计划：第一阶段由组内骨干成员带动提升组内成员对篮球的认知和了解，迅速提升小组凝聚力；第二阶段由教师对骨干成员进行更专业的运动技能、比赛需求和团队意识的培养及指导；第三阶段通过对规则的修改，在教学中对各种技能的提高运用，在教学比赛中让学生体验比赛胜利的成就感，培养集体荣誉感，从而激发学生的自主锻炼意识，有利于终身锻炼意识的培养。

技能阶段划分：技能学习阶段（角色学习阶段）、小组技能比赛阶段（角色应用阶段）、战术学习阶段、小组篮球比赛阶段。

课堂结构为：采用"三段式"划分，开始部分：课前收集学生计划，各组教练分散组织准备活动，队长沟通技能学习执行方案；基本部分：队长和教练共同组织带领技能学习练习，教师巡回指导，共同组织课堂比赛；结束部分：组织放松练习，小组内总结评价，老师进行点评，课后进行下一次课程的安排。

课程理念：以学生为主体，学生为中心，老师辅助学生分组教学。在教学中教师把握整个学期课程核心教学走向，将每个教学任务布置给骨干成员，更多地"放权"给学生，让学生参与掌握课堂节奏、课堂管理、技能教学，在课堂中拥有更多的自主权，对技能规则适当调整，以适应当前学生的技能水平。

学生分组：运动教育模式里很重要的一点是学生的分组，在一定程度上会对教学效果产生一定的影响，整个小组在整个学期人员都是固定的，所以分组要将不同能力、不同水平的学生均分到各组，各组男生女生的比例差异也不能过大，考虑到学生在课堂中的组织效果以及工作人员的角色设置，每组人数不能过多或者过少。

角色设置及工作范围：依照篮球比赛的工作人员设置，设置队长、教练、裁判员、记录员、后勤。每组角色的设置按照技能的情况、个人的意愿以及组内成员的意见进行安排。

队长：由本组篮球技能较强的人担任，按照老师的教学初步计划，对组内篮球技能的教学进行安排，并写教学计划，在课前交由老师审核，比赛前组内战术的教学和赛中的技战术指导。

教练：对篮球的基本知识进行了解，带领大家学习，课中的基础热身和专项热身活动的安排和组织，在队长组织教学时进行协助组内的教学。

裁判员：在各个比赛中担任裁判的角色，包括单个技能比赛和篮球 3V3、5V5 比赛，在单个比赛中还负责计时工作，在正式比赛时由轮空的裁判担任计时工作。

记录员：在课后及时记录本组成员在课堂中的表现，以及每次练习和比赛的成绩，还有本组成员对本组的训练计划安排、组织的建议及意见，在每次课前交由老师查看。

后勤：负责在课前课后收发本组教学器材，以及比赛时本组比赛成员需要协助的工作。

2. 运动教育模式的实施流程

第一阶段（1~2 周）

教学内容：学习运动教育模式的教学方式，进行合理分组，角色人选，角色定位。

上课流程：统一集合，教师和队长开会→教练组织热身活动→队长和教练共同组织技能学习→小组内总结，教师总结，布置课后工作内容（教练员热身活动设计、队长技能教

学设计、记录课程内容及总结、后勤收发器材及联络组员）

教师活动：建立新的课堂教学方式（课前收集教学计划、记录资料、统一集合、队长开会、教练组织热身、教师巡回指导）、确定分组、确定角色人员、帮助骨干成员确定工作范畴以及找到角色定位、修改运动规则。

骨干成员活动：确定自己的角色定位，找到工作范畴，建立团队意识，和老师共同调整规则。

非骨干成员：适应新的学习方式，积极参与课程。

第二阶段（3～10 周）

教学内容：角色应用、技能学习、体能练习、各种修改规则的技能比赛（组内的投篮比赛、传球比赛、运球比赛、组间的运传投比赛）、简单的裁判方法、培养团队意识、通过调整过后的规则体验篮球魅力。

上课流程：课前 5 分钟收集骨干成员教学安排及记录员的上一次课内记录→统一集合，教师和队长开会→教练组织热身→队长和教练共同执行技能学习安排→教师巡回指导→老师辅助组内骨干成员共同组织比赛（组内的运传投单个技能比赛、组间的运传投技能比赛、组内的 3V3 比赛）、裁判应用→组内沟通→小组内总结，教师总结，布置课后工作内容（骨干成员教学计划、记录、后勤）。

教师活动：帮助骨干成员提高自己的组织能力、教学安排能力、帮助小组团队形成凝聚力、加强课后沟通及辅导。

骨干成员活动：提高自己的角色技能、做好角色工作、加强团队内部沟通及配合能力。

非骨干成员：积极配合完成教学内容及比赛、提出意见及建议。

第三阶段（11～16 周）

教学内容：角色的轮换、组内成员配合、技战术的综合应用、裁判规则与执行、组间技能（运、传、投）比赛、对抗比赛（3V3、4V4、混合 4V4）、正规比赛（5V5 小节比赛、5V5 半场比赛、5V5 全场比赛）、通过比赛激发荣誉感、体验成就感。

上课流程：课堂常规→教练组织热身活动→队长和教练共同执行技能学习安排→教师巡回指导→老师辅助骨干成员共同组织比赛（组间的运传投比赛、组间的 3V3、4V4、5V5 比赛）、裁判应用→组内沟通→小组内总结，教师总结，布置课后工作内容（骨干成员教学计划、记录、后勤）。

教师活动：帮助骨干成员协调轮换角色、巡回指导、加强课后沟通及辅导。

骨干成员活动：对新的教学内容合理安排、适应角色及工作、组内加强沟通、带领成员形成小组默契。

非骨干成员：适应角色的转换、配合组内骨干成员、积极完成教学安排及比赛。

运动教育模式在高校体育篮球教学中的应用改变了学生的学习方式，促进学生课上课下对体育的参与程度，促进了学生在篮球基础体能上的发展，提高学生的体育学习兴趣，让学生逐步体验篮球带来的快乐之后改变了对体育运动的态度，促进了学生的全面发展。这也证明，运动教育模式在高校体育教学中应用有利于激发学生体育学习兴趣、提升体育学习态度、更积极合作精神的培养，让体育课在增强学生体质和终身锻炼意识的培养上发挥积极的作用，有较大的价值和借鉴意义，在具体应用时根据实际情况有机结合，合理应用。

二、小群体教学模式

（一）小群体教学模式理论依据

1. 系统组织理论

系统组织理论又被称为"社会系统理论"，该理论认为，社会各阶层的组织，包括军事、宗教、学术、公司和其他类型的组织，都有一个合作制度。这些合作组织都是由三个部分组成：合作意愿、共同目标和信息联系。高校体育教学的主要任务是个人技能的提升，这与课程计划有关。在最初的学习过程中，学生一般个人练习，很少或者根本没有组织发展学生间协作和与他人配合的练习。然而，小群体教学模式极大地弥补了体育传统教学课堂对于团队合作发展的缺失，具有很强的可操作性。

2. 人的全面发展理论

苏霍姆林斯基在马克思主义人类普遍发展理论的基础上，创造性地提出了"包容性发展""和谐发展"和"个人发展"应贯穿学生学习活动的全过程，把人格全面协调发展作为学校教育的理念和宗旨。苏霍姆林斯基对人格全面和谐演变的愿景，是其教育思想和实践活动的基石，也是他所有教育理论和实践活动的出发点和终点。苏霍姆林斯基的和谐教育思想在教育事业中仍具有重要的借鉴价值和现实意义，而小群体教学模式不只是单纯地对学生进行运动技术的培养，更强调通过对班级学生进行合理分组，以小组为单位进行系统教学，从而促进学生间的人际交流，加强社会性教育为目标。

（二）教学设计原则

1. 合作性原则

小群体教学法主要的特性在于小群体的合作性，针对高校体育教学，运用小群体教学法进行教学设计，遵循小群体教学法的原则，利用合作性原则来进行设计课程，让小群体中的学生具有合作意识，运用课程的原则性促进学生之间良好的沟通，通过不断地交流和相互学习来提升学习的最终目的。

2. 主体性原则

在整个教学的设计中，学生作为课堂的主体，而教师起的是主导作用，在授课的同时，教师要明确自身的角色定位，有效帮助学生在课程中快速进入教学情境；还需要了解学生的个性化差异，避免运用传统的灌输式教学方式来进行知识的单向教学，以帮助学生掌握知识，激发兴趣，从而让学生真正成为学习的主体。

3. 适宜性原则

在体育教学时，采用小群体教学法，根据学生本身的素质程度、掌握的专业技能以及在学习过程中的心理状况等方面进行个性化设定，教学目标以及教学任务是针对学生自身的学习兴趣程度以及对体育知识的诉求来设置的，以使学生在学习的过程中通过自身努力完成学习目标，因此不能设置过高的标准，若学生长期无法通过努力来实现自身价值，会因此选择放弃执行努力的目标，也会因此导致学生学习的热情减退。所以在完成体育教学任务时，应该遵循学生可承受、可接受的程度来相对提高并完成学习目标。

4. 全面性原则

在体育教学中，课程设计的主要原则在于全面性，主要表现在以下两个方面：第一，在全面性发展的前提下，不仅要提升高校学生在学习中的适应程度，还要帮助学生提高自身的素质和体育运动的专业水平；第二，因学生之间具有一定的差异性，为了实现学生全面发展，在教学的设计过程中，要根据学生的实际情况进行划分，把较优秀的学生和成绩相对较差的学生按照一定比例进行分配，并在整体的教学中完善全面性。

5. 激励性原则

激励性原则亦是体育教学中一个重要的原则之一。在小群体中进行学习，小群体中每个成员的自身水平具有差异性，秉持同组异质的原则进行分组。但从教学课程的设定上来看，教学的核心以及分发的教学目标都是相同的。为了达到共同的教学目标，小群体中较差的学生在学习中需要投入更多的时间和精力学习，努力追赶成绩较好的学生。总之，在群体的相互影响下，集体荣誉感将影响更多的学生，也无形中对较差的学生进行激励，让他们为了集体荣誉而更加努力，从而提高了学生努力的动力。

（三）小群体教学模式在高校乒乓球教学中的应用

1. 教学流程

开始部分：整队集合→师生问好→安排见习生→宣布本节课教学内容。

准备部分：各关节活动→专项准备活动。

基本部分：各关节活动→专项准备活动→集体练习→教师纠错指导→安排教学目标练

习→组内讨论→教师巡视指导→组间竞争→组内总结评价→教师课堂评价。

结束部分：放松活动→教师总结评价→回收器材→布置课后作业→下课。

2. 专项素质考核标准

（1）协调性。测试项目为象限跳，在平整的空地上画两条垂直线（约1米），将场地分成四个标记了数字的象限区域，开始测试前让学生双脚并拢站立在第四象限内，听到教师口令后，按照"一二三四"的顺序进行跳跃，记录学生在30秒内完成的个数，要求学生双足同时跳跃。学生在开始测试后就要全程保持双脚并拢，若测试时跳的顺序出现失误，则本次不算成绩。

（2）有氧耐力。测试项目为一分钟跳绳，让学生将跳绳调整到合适的长度，然后双脚并拢，采用正摇双脚跳绳，跳绳环绕一周计一次，记录学生在一分钟内的跳绳个数。若测试时出现失误，可以继续进行测试。

（3）腹部力量。测试项目为一分钟仰卧起坐。准备3块海绵垫，一位学生躺在垫子上，双腿屈膝，双手抱头两侧，一位学生双手按压测试学生脚部进行帮助。听到信号后开始快速进行仰卧起坐，要求肘部触碰到膝盖，听到信号后停止，帮助的学生向教师报告受试者在一分钟内仰卧起坐的次数。测试者在进行仰卧起坐时肘部必须触及膝盖。

3. 乒乓球技术考核标准

（1）正手平击发球。受试者采用正手平击连续发10个球，记录将球发到规定的区域内的个数。评分如表4-2所示。

表4-2　正手平击发球评分标准

分数	发平击球（个）	等级	要求
100	10	A+（100分）	动作正确、灵活，击球部位准确、落点适宜
90	8—9	A（90分）	动作正确、灵活，击球部位准确、落点较为适宜
85	6—7	B（85分）	动作正确、灵活，击球部位较为准确、落点适宜
75	4—5	B—（75分）	动作较正确、灵活，击球部位较为准确、落点较为适宜
60	2—3	C（60分）	动作变形、灵活性较差，击球部位较为准确、落点较为适宜
60分以下	两个以下	D（60分以下）	动作变形、灵活性较差、击球部位不准确

（2）反手推挡。两位受试者进行推挡球技术的测试，记录一分钟内单人推挡球的累计次数。评分如表4-3所示，学生的技术考核成绩由两部分组成，即达标成绩（占60%）和技评水平（占40%）。

表4-3 反手推挡评分标准

分数	反手推挡	等级	要求
100	35个以上	A+（100分）	动作正确、灵活，击球部位准确、落点适宜
90	30—34个	A（90分）	动作正确、灵活，击球部位准确、落点较为适宜
85	26—29个	B（85分）	动作正确、灵活，击球部位较为准确、落点适宜
75	20—25个	B—（75分）	动作较正确、灵活，击球部位较为准确、落点较为适宜
60	15—20个	C（60分）	动作变形、灵活性较差，击球部位较为准确、落点较为适宜
60分以下	15个以下	D（60分以下）	动作变形、灵活性较差，击球部位不准确

4.成绩考核标准

学生成绩分为日常评价（30%）和期末考核（70%），具体如表4-4和表4-5所示。

表4-4 日常评价

评价类型	期末占比	评价人
学生出勤率评价	10%	教师
学生间相互评价	5%	小组成员
学生自我评价	5%	自己
学生团队评价	10%	教师

表4-5 期末考核

评价类型	期末占比	评价人
乒乓球基本技术（正手平击发球、反手推挡）	50%	教师
体能测试	20%	教师

在高校体育教学中，采用小群体教学模式为主要手段，运用多种教学模式，相互配合，可以达到最佳教学效果。在课上要加强学生体能训练，保证学生体能训练时间，提高学生专项素质水平，引导和鼓励学生课下进行体育活动锻炼。

在小群体教学模式的课堂教学中，学生是学习的主体，能够充分发挥主动性，同时在小组内与伙伴合作学习，与其他小组成员竞争比赛，让学生在竞争与合作中提升乒乓球基本技术。教师通过合理分组，给学生留下大量小组活动时间，通过设置小组学习目标，加强小组学生间的沟通交流，相互帮助，在轻松和谐的学习氛围中凝聚成一个小群体。学生通过和小组间其他成员的交流讨论或者得到其他成员的技术帮助，使学生在心理上得到满足，技术上得到进步，极大地提升了学生的学习兴趣。

在小群体教学模式的课堂教学中，小组内成员通过自己积极参与小组内的讨论交流和技术训练，体会队友的帮助和支持，学生在团队帮助下产生幸福感。

与传统教学模式相比，小群体教学模式能够充分体现学生的主体性，营造一个轻松和谐的学习氛围，同时采用分组教学的方法，让学生在合作竞争中提升乒乓球基本技术。

三、动态分层教学模式

（一）动态分层教学模式的理论依据

1. 动态分层教学模式的心理学基础

动态分层教学模式必须认识到学生之间存在着差异。学生个体均存在智力、体力和心理的差异，因而产生对相同知识的加工与接受水平不同，最终导致学生的接受层级不同。因此，教育心理学认为，学生之间的个性化差异是受多种因素所限制的，这些因素既包含先天的遗传因素，如学生的认知水平；又包含后期成长过程中所形成的后天因素，如学生的学习兴趣。动态分层教学模式存在的意义在于基于不同个体之间的个性化差异，给予不同的指导，引导其向着积极、正确的方向迈进。动态分层教学模式，即注重教学过程中学生接受度的动态判定，并非只注重最后的教学结果评价。对于体育教学而言，因材施教，通过动态分层教学模式使学生获得学习动机、产生学习欲望、增强学习自信、增强身体素质，最终实现终身体育和终身运动的思维是体育教育的最终目的。因此，在教育的过程中，要时刻注意学生的学习享受，使学生在学习过程中获得成功体验，形成良性循环，从而进一步激发其学习热情，这符合动态分析教学模式的心理学理论原则。

2. 动态分层教学模式的教育基础

（1）"因材施教"理论。"因材施教"这一理论在《论语·先进篇》曾记载了这样一个典故。一日，孔子的学生子路问他："如果我听到了正确的主张，可以立即去做吗？"孔子答道："你应该先去问一下你的兄长老师。"但他另一个学生冉有问孔子时，孔子却提示他尽快实施自己的方案。原来，因为子路性情急躁，办事往往不够周全，所以孔子建议子路请教一下兄长老师以后再做定夺，而冉有心思缜密，但不够果决，所以让他立即去执行，避免因为优柔寡断而错失机会。孔子的论述充分体现了他因人施教的特点，使每位学生能够根据自身特点，获得适合学生自身发展情况的学习方式。

（2）最近发展区理论。最近发展区理论是教育家维果茨基首次提出的，他摒弃了学习没有理想年龄的观点，而是引入了理想的学习阶段，并在此基础上提出了"相对成就"这一概念，强调学生学习的出发点应该是在现有水平上的提高，而不仅仅是最终结果。基于此，维果茨基将最近发展区理论定义为认知与潜在认知的发展差异。学生分析问题与解决问题的能力能够决定认知发展水平的高低，而潜在认知发展相较于认知发展更需要教师和合作者的配合。与此同时，他还突出了教师在教育活动过程中的重要性。他指出教师在教学活动中要不断评估学生的水平，并以此为参考，对每个学生设置适合他们的学习难度和学习目标。与此同时，他还强调教师的指导是要在一定限度内的。当一开始时，老师要表现出强烈的存在感和密切的指导，而当学生在教师的指导下，快要接近潜在认知发展区时，教师应当逐渐放开对学生的控制。

最近发展区理论在现代教育中应用较多，得到了充分认可。它能够接受学生个体的差异性，对学生个体进行因材施教，实现学生潜在发展水平的有效挖掘，由最近发展区逐渐过渡到现有发展区。

（3）教学最优化理论。教学最优化理论认为，教育的目的是使学生获得更好地发展。在此目标的指引下，应尽可能地花最少的时间和精力，追求最好的学习成果。教学最优化理论即抓住学生学习过程中最基础的矛盾，在保证效果的前提下，尽最大努力减轻学生和老师的学习与教学的压力，充分提高教学效率和学习效率，在单位有效时间内获得更多的专业知识和技能水平，达到教学过程的全部优化的目的。

（4）掌握学习理论。掌握学习理论的代表主要是美国著名教育学家布鲁姆，其在学校教学实践中发现，在相同的教育教学目标指导下，学生由于接受能力和个体差异导致了学习效果的差异，使学生产生不同的成绩水平；但其将学生进行有效分类，根据学生特点，进行个性化帮助之后，促使基础较差的学生加强练习和增加时间投入，学生能够取得目标设定的学习绩效。如此反复，学生的学习成绩差异性或掌握知识的深度与广度均能够实现一定程度的均衡。掌握学习理论的应用得到众多学者的关注与应用。

3. 动态分层教学法的学习理论基础

（1）人本主义学习理论。人本主义学习理论认为，学生是学习的主导者，而教师存在的意义是为了给学生提供一个良好的学习环境，启发学生的思维，在整个教学过程中扮演一个"促进者"的角色。人本主义学习理论是将不同文化、不同教育背景、不同成长环境充分考虑在内，不断激发人的潜能，使其更多地接受学习知识。应用人本主义学习理论辅助动态分层教学法的实施具有较强的现实意义，能够充分体现教育的人文关怀和教育公平，最终实现学生学习潜能的激发，达到快速掌握学习内容的目的。

（2）建构主义学习理论。在构建主义基础上，构建新的学习经验和新的理论框架，对学习者快速接受新知识方面提供了较强的参考和理论支撑。学习者能够根据自我构建的学习过程和利用自身总结的学习经验，对新事物进行接触、信息加工、形成认识的过程。通过构建主义学习理论的应用，指导动态分层教学法的实施与实践，能够充分把握学生构建新的知识框架，利用所学的分解动作，最终形成适合自己的体育运动能力，具有较强的积极意义。该理论的应用能够充分激发学生形成适合自己的学习方式，以提升学习效率，实现自主学习和快速进步的效果。

（二）动态分层教学法的实施原则

1. 主体性原则

学生是教学过程的主体。在教师指导下，按照教学计划和教学目标，逐步实现知识积累与巩固，形成知识技能的掌握和人格的培养。教师主导学生参与教学活动，一方面实现教师知识的有效传播，另一方面学生能够客观接受相关知识。学生认知的差异性推动着教师进行因材施教，教师因材施教也能反过来提升学生的接受能力。主体意识的增强也代表教育有效性的形成，应用主体性原则，以人为本的教育理念得以实施，对推动学生全面发展具有积极意义。

2. 全面性原则

动态分层教学法一方面需要兼顾学习前学生对本门课程的掌握程度、技巧性把握、心理素质及兴趣爱好等，授课教师需要通过一定的测评进行整体把握，便于分组；另一方面，需要在课程进行中不断监测学生学习效果，对不同层级的学生进行差异化培养，从而提升学生的综合素质水平。学习的全面性原则的应用，能够充分提升学生整体的身体素质、兴趣爱好和心理素质，使终身体育理念深入学生生活日常，达到体育培养的目的。

3. 激励性原则

学生在学习过程中的适当鼓励是激发学生学习兴趣与获得感的重要方式，教师需灵活运用激励手段对学生进行合理的鼓励。动态分层教学法通过学生心理素质、身体素质和体育技能掌握能力进行了科学的层次划分，对每一个层次的学生的激励措施进行差异化处理，并根据实际教学需要，采取不同的刺激方式，使学生能够更高效地获取知识和巩固知识。

4. 动态性原则

动态分层教学法跟一般的分层教学法本质上的区别就是它的动态性。分层并不是固定不变的，学生在学习过程中需要教师对学生进行不间断的监测与考核，根据学生考核成绩进行下一轮的分组认定，合理设施不同分组学生的学习目标，使之既能得到鼓励又能在学习中不断进步，取得较好的成绩。就学生而言，动态性原则的应用能够充分调动学生的积极性，实现自身学习能力、学习技巧等的提升，实现对终身体育思想的领会；就教师而言，能够动态监测学生学习效果，为自身教学策略、教学手段的改善提供良好机会，为动态分层教学法的实践提供良好的考评参考。

（三）动态分层教学模式在高校网球教学中的应用

以高校网球教学为例，首先根据教学班学生的情况分割为若干层级，在教学过程中就不同层级类型制定相应的教学方案和实施相应的教学方法手段，并在教学过程中多次评价学生学习的状态，分层后再实施分类教学，使每个学生都能在适合自己的层级中得到有效的学习。该"动态分层次教学"模式总体框架如图4-1所示。

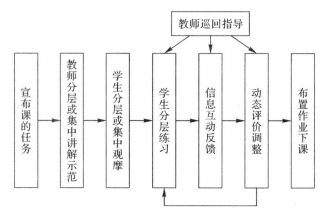

图 4-1　动态分层教学模式总体框架

1. 科学合理分层

科学合理分层是实施动态分层教学模式中的首要任务，是教师正视学生差异性的体现。针对不同技术基础、不同学习需求的学生群体进行分层，使每个学生都得到更适宜的发展，优等的学生能够更大限度地挖掘潜能，普通的学生通过教师量身打造的教学手段，增强学习的兴趣，最终使学习成绩提高。

在教学前，应综合考虑学生的网球运动态度（占 20%）、专项身体素质（占 40%）、网球技评（占 40%）实施第一次教学分层。教学应参考学生的整体水平，将学生分成两个层次，A 层为提高层：网球兴趣浓厚、运动态度良好、网球专项身体素质较好、综合评定的分值在 70 分以上（包含 70 分）；B 层为基础层：身体素质一般、运动态度一般、对网球的兴趣一般，综合评定分值在 70 分以下。

2. 制定层级教学方案

对学生进行划分层次后，教师从教学目标、教学内容、教学时间、教学方法上分别为两个层次的学生制定本学期的教学方案，各类学生都能在适合自己的群体中得到相应的学习方法和手段，这样才能在教学过程中做到有的放矢。

在制定网球教学方案时，教师应根据各层学生的实际情况，教学目标、教学方法、教学要求因学生类别而定，并根据学生的掌握情况合理分配时间。提高层的学生适合选用完整练习法、领会教学法、合作探究法等；基础层的学生由于各项学习指标一般，适合运用示范法、分解练习法、重复练习法等，使他们在网球学习中建立自信，体会成功乐趣，为下一步的提升打下基础。高校网球教学学期教学目标如表 4-6 所示。

表 4-6 网球教学学期教学目标

目标	层别	内容
认知目标	A层	通过教师指导、自主合作学习，对网球的上手发球、正手抽球、反手抽球三项基本技术的动作要领和易犯错误有清晰的认识，并熟练掌握三项网球基本技术及其原理。
	B层	通过教师指导、自主合作学习，对网球的上手发球、正手抽球、反手抽球三项基本技术的动作要领和易犯错误有较清晰的认识，基本掌握这三项网球基本技术及其原理。
技能目标	A层	使学生熟练掌握网球上手发球、正手抽球、反手抽球三项基本技术，在实践中应用自如，实战中能够合理运用简单战术组合。
	B层	使学生基本掌握网球上手发球、正手抽球、反手抽球三项基本技术的动作方法，在实践中能够尝试运用简单的战术组合。
情感目标	A层	激发学生对网球的兴趣，提高学习的积极性、主动性，进一步强化其自信心，鼓励学生主动进行交流，增强合作意识。
	B层	培养学生对网球的兴趣，激发学习网球的主动性，克服消极情绪，增强自信心。

按照教学大纲要求，学期教学目标要求学生掌握三项网球基本技术，即上手发球技术、正手抽球技术和反手抽球技术制定。教师根据各个层次学生的特点确定教学目标，目标的制定符合学生的"最近发展区"原则，对每一层的学生来说，付出一定的努力是能完成教学目标的，这样既能让学生感受到通过努力取得进步的成功感，又能避免教学目标对优等生来说太容易完成而失去学习的兴趣。

3. 分层实施教学

课堂教学是整个网球教学工作的中心环节，两个层次学生的教学都是在同一网球教学课中进行的，教学过程要兼顾到所有层次。结合网球新授课的特点，课堂上既要有全体学生的集中教学，又要有针对各层分别进行相应的指导教学。每堂课各层的教学目标保持不变，教师组织各层学生完成教学目标。

动态分层教学模式采用"同一层级小组合作"的学习模式，每节课的开始阶段，由教师提出本次课的教学目标，使学生明确学习目标。教师首先面向全班统一讲解技术要领及练习方法后，各层次的学生根据教师的任务安排进行分组合作练习，教师在学生练习过程中多次评价学生学习的状态，根据课上表现对个别学生做出升降调整，再做分层后实施分类教学，使每个学生都能在适合自己的层级中得到有效的学习。教学完成后，由教师或学生对本次课的学习情况进行总结评价。

4. 信息互动反馈

由于每节课中两层学生的学习任务不同，以及教师兼顾学生的范围有限，因此在每节课的后半段加入信息互动反馈环节，通过相互交流促进知识的掌握。例如基础层学生讲述每节课学习的网球技术要点，提高层学生加以补充完善，在层与层之间的交流中，提高层学生的网球技术得到加强巩固，基础层学生的网球技术得到纠正和改进，实现共同进步。通过信息互动反馈，还可以培养学生发现问题、解决问题的能力，并且在互动过程中提高学生的学习能力，对学生综合素质的提升大有裨益。技术掌握较慢的学生在老师和同学的帮助下，也可渐渐树立自信心，培养团结合作的精神。

5. 动态评价

与传统教学依据期末考核进行最终评价不同，动态分层教学模式要求教师根据不同学生的具体情况，采用不同的评价手段做出合理评价，要用发展的眼光来评价学生，评价不仅要看学生的学习成绩，也要关注学生的能力和潜力，善于发现学生的闪光点，只要取得了进步就应该得到积极的、鼓励的评价。

动态评价主要应用于教学过程中，对基础层的学生可以更多地运用过程性评价，使他们感受到自己的点滴进步，获得成功体验，从而激发学习动力；教师进行巡回指导时，适合运用形成性评价、诊断性评价，不断反馈给学生学习目标成功与否的信息，并帮助学生找出实际知识掌握水平与预期教学目标之间的差距；在课的结束部分适合运用总结性评价，对教学目标所达到程度的判断。总之，整个评价过程是动态的，教师应运用多重评价方式多次评价学生学习的状态，发挥评价的激励功能和诊断功能，对学生的学习状态做出准确判断。

6. 动态调整

第一次分层后并不是一成不变的，如果分层以后无任何变化，久而久之会使学生失去学习动力，所以此时就需要引入动态分层调整机制。教师在每堂课中观察学生的表现情况，对个别学生做出当堂升降调整，使每堂课的教学更加接近学生的"最近发展区"。每隔一个阶段对学生进行考核，依据测试的成绩进行周期性的调整，通过对学生升降调整激发学生竞争意识。动态分层教学模式的主要特点之一就是始终保持分层的动态调整。具体调整标准及内容如表4-7所示。

表 4-7　教学要求及动态调整标准划分

级别	分层	技术要求	分层标准
初级阶段 1~4 周	A 层	初级阶段为动作学习阶段，主要教授网球正、反手抽球技术。要求掌握正、反手抽球动作要领，并能用完整动作完成原地正手有效击打。	综合评分：运动态度（20%）＋身体素质（40%）＋网球技评（40%）≥70 分
	B 层		
巩固阶段 5~8 周	A 层	正、反手抽球技术：击球动作规范流畅，正反手自由切换并能打出有效击球；发球技术：基本掌握完整发球动作。	综合评分：运动态度（25%）＋身体素质（25%）＋正手技评（50%）≥75 分
	B 层	正、反手抽球技术：结合有球练习提高熟练度，增加自信，强调动作的规范发球技术：分解动作击球流畅。	
提高阶段 9~12 周	A 层	正、反手抽球技术：对击球点判断准确，并能在小范围移动中打出有效击球；发球技术：发球动作规范流畅，减少失误。	综合评分：运动态度（25%）＋身体素质（25%）＋反手技评（50%）≥80 分
	B 层	正、反手抽球技术：步伐合理，对击球点做出有效判断；发球技术：掌握规范技术动作。	
熟练阶段 13~16 周	A 层	正、反手抽球技术：移动抽球动作规范流畅，能及时到位，控制球的路线；发球技术：动作稳定规范、发力正确。	综合评分：运动态度（25%）＋身体素质（25%）＋单元考核（50%）≥80 分
	B 层	正、反手抽球技术：落点判断准确，移动到位，基本能控制球的路线；发球技术：发球动作规范流畅，提高成功率。	

　　根据动作技能形成规律分成四个阶段的考核，前三个阶段依据专家的意见制定分层考核标准。此次动态分层调整选定了正手抽球、反手抽球和上手发球作为网球技术单元考核指标，利用课上单元考核阶段进行测评，并结合学生的课堂表现、学生的主观意愿进行层次升降调整。在基础层考核靠前的同学调整至提高层，在提高层考核靠后的同学调整至基础层。

7.心理干预

　　动态分层教学采用"同质分层"，即身体素质、学习能力大体相当的学生为一层。如果学生不能正确理解教师分层教学的意义，难免会引起学生产生异常的心理状态，就会认为自己比别人差，导致学生缺乏自信心甚至更严重的心理问题。所以在教学过程中教师要及时关注学生的心理变化，一方面及时消除长期处在基础层的部分学生产生的自卑心理，可通过在课堂上请他们做正确示范等方式，给予更多的鼓励，提高其自信心；另一方面，在进行层次的升降时，对升入提高层的学生教育其保持先进、戒骄戒躁，对降入基础层的学生，着重重视学生的心理状态，对其做出心理上的积极性引导，鼓励学生不要气馁，避免学生出现情绪低落、自卑无助的心理，激励他们通过刻苦练习争取下次调整时再晋升回去。

四、智慧课堂教学模式

（一）智慧课堂教学的实现条件

1. 移动智能终端设备

在互联网技术快速发展的影响下，高校学生实现了一种可以在任何时间、任何地点进行自主学习的学习模式——移动学习。

移动学习在移动学习设备的支持，让学生学习知识不再只限于教室之内，也不再只限于从教师身上获取。在高校中最常用的移动智能终端设备为智能手机，智能手机可以通过安装软件程序来不断扩充手机的功能，还可以通过移动通讯网络接入无线网络。将智能手机运用于体育课堂教学之中，对解决室外体育课无法运用多媒体设备进行辅助教学起到了一个很好的作用。因此，智慧课堂教学中的移动智能终端主要指的是智能手机。

智能手机主要有以下用途：第一，智能手机可以安装聊天工具进行交流。学生在智能手机的帮助下可以与教师和同学进行有效的交流。第二，学生在学习的过程中遇到问题可以上网搜索查找资料，大部分智能手机体积较小方便日常携带，学生可以随时随地查询信息，及时答疑解惑。第三，当在体育课堂教学中遇到一时间记不住的组合动作时，运用录像功能，学生能够及时把动作记录下来以便课后进行练习。学生在课上可以用录像功能进行两人一组进行视频互录，合作学习，提高动作技能。同时在老师讲解相关理论知识的时候，可以用智能手机的录音功能将讲解的内容录下来，事后再慢慢理解。第四，下载学习软件进行学习。信息技术的发展，让各种学习 APP 应运而生，将它们安装于智能手机中，占用的空间小，运用起来方便，学生可以直接打开 APP 观看学习资源，充分利用所有闲暇时间进行碎片化学习。

2. 智慧学习环境

学习环境包括实体学习环境和线上学习环境，体育智慧课堂教学模式的实体学习环境是网络支持下的室外课堂，线上学习环境指的是网络教学平台。下面通过两个方面来介绍体育智慧课堂教学模式的支撑环境：第一是实体学习环境方面，在传统的课堂中加入网络以及智能设备让课堂更加丰富；第二是线上学习环境方面，运用网络教学平台以及手机 APP 进行在线学习。以下是对网络教学平台及手机 APP 的介绍：

（1）网络教学平台（在线教育综合平台）的整体构架

该系统包含了学习、活动、播客、精品开放课程、智慧树、课程联盟、学习社区、个人等模块。学生在个人模块中能够看到所选修的课程，进入具体课程，学生能与教师实现网上互动，实现网络辅助学习。主要模块如下：

第一，进行教学管理。

第二，进行课程建设。包括课程的基本信息建设、课程资源的建设、课程活动以及随堂教学等。

第三，通过大数据对学生学习情况进行分析。

通过在线教育综合平台，可以拓展教学空间，扩大师生视野。学生可以浏览课程辅导材料、进行网上问答、完成课程作业、与教师和同伴交流学习等；教师可以实现网上教学，发布课程信息、布置作业、解决学生的困惑、进行在线测试、实现讨论式学习等。平台还能永久地保留学生网上学习的痕迹并对数据进行统计，有效帮助教师分析学生的学习情况。

在线教育综合平台模块的构成，如图 4-2 所示。

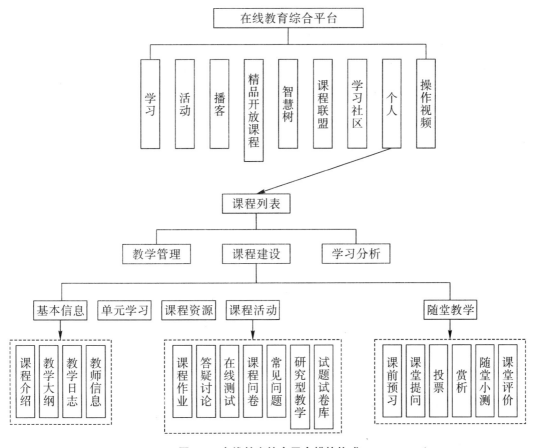

图 4-2　在线教育综合平台模块构成

（2）手机APP

手机APP具有便捷、简约的特点，能有效辅助体育课堂教学，并与在线教育综合平台教学资源同步，包括四个板块：

第一，资源中心。包含了精品课程、慕课大全、微课程、专题资源库、视频公开课、开放课程和我的下载库几个模块。

第二，我的课程。其中包含了自己所选的所有课程，能够快速了解课程的基本信息、查看教师上传的课程教学资源，参与课程活动，进行答疑讨论，下载教学视频等。

第三，随堂教学。作为在线教育综合平台的一个补充环节，可以进行随堂签到、记录课前预习情况。课中随堂提问，进行投票、及时欣赏教师发布的教学资源、完成随堂测试和课堂评价。让教师可以及时了解学生的学习状态，以便教师有效地调整教学方式及教学内容。

第四，个人中心。该模块能够清楚地显示教学通知、邮件以及教学任务等，方便学生及时看到教学任务。通过APP学生可以运用网络随时进行学习，时间可以根据自己的需求进行调整，还能够让学生有效利用闲暇时间进行碎片化学习。

3. 智慧学习资源

学习资源是指在课堂教学过程中所需的资源，包括教师根据所教课程在网络教学平台上建设的课程资源、学生交流互动形成的资源以及由学生通过网上搜索获得的资源等。

网络教学平台中的学习资源可以分为教师课前准备的预设性学习资源和学习过程中学生、教师交流互动等产生的生成性学习资源两类。

预设性学习资源是在智慧技术的支持下的线上资源，学习者可以通过连接互联网利用智能终端设备随时随地访问资源库，并根据自己的学习需求和兴趣爱好进行访问。

生成性学习资源是指平台所记录的学习者在学习过程中生成的各类教学资源，包括学生在答疑讨论等社群中与同伴、教师之间的交流互动过程留下的问答痕迹以及学习者课后的个人反思、作业作品等。

4. 智慧学习技术

智慧课堂教学模式的形成，需要智慧学习技术的支持，随着信息技术的发展，人们进入了大数据时代，大数据具有：容量大、种类多、速度快、真实性强、价值大的特征，能够准确地记录数据，并储存下来。捕捉学生在学习过程中产生的学习数据，并使之可视化，可以帮助教师分析学生学习情况，并做出教学决策，提高教学效率。

网络教学平台对学生的学习足迹进行记录，课前学生通过学生端登入平台进行预习，教师可以了解学生的预习情况，以及学生的提问情况，调整教学进度及内容。课后学生通过网络教学平台查阅教学材料，丰富课堂教学，同时学生查阅的痕迹也会被平台记录下来，以便教师参考，课后学生提交相关作业也会记录于平台之上。

总之，网络教学平台为智慧课堂教学模式的实施提供了技术保障，让学生学习产生的大量数据以直观的数字或统计图展现出来，让教师进行参考，并对教学进行调整。

（二）智慧教学目标

教学目标是指通过教学活动的影响，使学生发生何种变化并达到某种学习结果的明确表述。教学目标在整个教学过程中起着重要的导向作用。教学目标可以指导教学活动，教学活动要始终围绕实现教学目标而进行。智慧课堂教学目标要与培养目标保持一致，根据学生的实际需求，有效进行教学，实现课堂教学最优化。

体育智慧课堂教学模式要培养学生学会学习的能力，习惯运用网络资源进行学习；促进学生进行创造性学习，培养创新能力，给予学生特定的问题，让学生查阅资料，最终结合自身知识结构，完成任务，达到实现创新的目的；养成良好的体育锻炼习惯，掌握一到两门科学锻炼的方法。最终实现启迪学生心智，促进学生智慧成长的目标。

（三）智慧教学过程

智慧课堂教学活动过程设计是本章的核心部分，活动的设计要考虑学习者的个体差异性，提高教学的多元性，让学生更好地进行学习。

本研究中智慧课堂教学活动包括课前、课中和课后三个部分，在智慧学习环境的支持下，利用智慧学习资源实现由教师活动和学生活动共同构成的完整的教学体系，学生在教师的主导下自主完成学习活动和教学评价，养成积极思考，积极创新的意识，实现智慧教学目标。

1. 课前资源推送，数据反馈

大数据时代，教师将教学视频通过网络教学平台发布给学生，学生通过预习视频资源对所学动作进行初步模仿学习，并通过提问的方式将学习过程中遇到的问题及时反馈给教师。平台对学生学习数据进行处理，以直观图表等形式展现在教师面前，教师通过学生课前的预习情况以及反馈信息进行备课，改变以往教师按照经验进行教学的现状，做到真正的"以人为本，关注学生"。

2. 课中师生互动，多屏教学

传统课堂主要是以教师讲解示范，学生模仿练习为主。教师在课堂中占据了主导地位，学生被当成了储存知识的容器，被动地进行学习。教师与学生之间，以及学生与学生之间缺乏充分的互动和交流，学生的学习积极性低，缺乏主动性。在体育课堂教学中，面对的学生体育水平参差不齐，有些领悟能力强的学生很快就可以掌握，而有些身体协调性较差的同学需要很长的时间才能够掌握动作。教师在课中不能够做到关注所有学生，这样就导致了学生很快学会的，学不到更多的知识，而掌握较慢的同学则会慢慢觉得太难而对学习失去信心。大部分学生面对教师提问都还比较害羞或者害怕回答错误，因此，每次教师在课堂中提出问题时，都只有课堂中稍微活跃一点的学生进行回答。教师很难了解是否所有学生都明白了。

为了克服这些现象，在智慧课堂教学中，教师通过智能手机向学生发送问题，学生根据自己的想法进行回答，这样教师可以全面了解每一位学生的想法，真正做到师生双向互动。同时在课中组织学生互帮互助，将学生进行分组练习，利用智能手机录制动作视频进行强化练习，以提升动作技能。教师还可以将动作较好的学生的视频作品放于平台上供全体学生进行学习参考。从而形成丰富多彩的课堂效果，师生之间形成立体互动，持续进行沟通，让每一位学生都有所收获，激发求知欲、启发创新思维，达到锻炼效果。

3. 课后交流辅导，兼顾差异

在课中的教学中教师与学生缺乏有效的互动，在课后就更加少了。

传统体育课结束之后，教师一般都会让学生在课下自主进行复习，但是由于以下原因她们的课后复习情况效果不明显。第一，课下缺乏教师的有效指点。她们在课下有些动作一时想不起来，缺乏与老师和同学沟通的手段，同时也没有教师提供的相关资料进行复习，所以，只能停止复习。第二，没有任务驱动的学习方式。体育课留下的作业基本都是让学生自主复习，学生是否真的进行复习了教师并不了解，这导致很多学生直接把老师说要复习的事情当作耳旁风，听完后课下根本就不进行相应的巩固。

在信息技术的支持下，学生与教师、学生与学生之间的交流互动不受限制，课下学生之间还可以互相邀约一起练习，提高学习的乐趣。同时教师布置作业需要学生通过平台进行提交，给学生以实际任务的作业，这样可以保证每一位学生进行课下复习，教师通过学生提交的作业了解学生的学习状态和能力，做到兼顾学生个体差异，同时可以给教师课中教学内容的选择提供参考，形成一个良性的智慧教学循环模式。

（四）智慧课堂教学模式在高校专业田径教学中的应用

1. 学生层面

（1）提升智慧学习意识

我国大部分学生从小接受传统体育教学，在此教育背景下成长，自身对教育教学技能的学习会因此受到影响。随着基础智能终端越来越普及，对于当前的高校大学生来说，各种智能终端已成为极其普遍的现象，也是其生活必不可少的内容。科技发展引起的信息热潮使得现在的年轻人更喜欢科技化、信息化的事物。智慧体育田径教学课堂是借助云数据—智能场馆—智能终端的信息化平台来展开，本身就具有吸引年轻人的特点。当代田径专业大学生也需要通过自身兴趣激发，主动和自主的学习田径专业实践技能和理论知识，丰富自身教学技能，配合教师高质量完成课程计划。

（2）提高智慧学习能力

专业技能水平低，内涵深度浅这是大部分高校田径专业教师对如今田径专项学生的第一印象。普修与专项的区别不光在于学习更有难度的田径项目，更需要在专业的技术动作上有所区别。由调查结果可知，智慧体育中的智慧设备可以帮助学生更好地度过技能动作的泛化阶段，更有利于帮助学生动作技能的形成。但更快更有效地形成正确的技能动作并不意味着大功告成。学生自身因对自身专业技能有更高的要求，多加练习，多加巩固早日实现技能自动化。之后还需提高自身的教学技能，示范、讲解等，从训练教学两方面深入运动项目内涵，体会运动精神。

在提高学生智慧学习能力这一方面，素质教育的重点是培养学生的创新能力，促进学生的个性发展。这与智慧体育教学的教育理念不谋而合。所以，要促进智慧体育教学的顺利开展，就要从学生的角度来出发，必须转变学生曾经的学习习惯，促进学生自主智慧学习能力的形成，并提高在学习过程中借助智能设备及智慧平台解决学习问题的智慧学习能力。

（3）加强自主相关理论学习能力及训练实践

体育专业学生对书本的兴趣度本来就不高，这就更加阻碍了学生学习田径专业的理论知识。智慧体育的出现拓宽了学生学习田径理论知识的渠道，通过互联网云平台，各式各样的田径理论课程层出不穷，而学生的选择也具有极高的自由度和多元性，可以以兴趣为出发点，选择不同的教师、课堂以及教学方式，这样才真正是被动学习方式的转变。在丰富理论知识作为基础，学生的训练和锻炼遵循人体生物力学，更加科学。并且训练前学生可以预约运动场馆，保证自身的运动环境，训练中可以随时通过智慧设备观看视频，对比自身动作，训练后可以在社交软件上分享自身锻炼心得，与云端用户互相学习。完善自身从理论与实践方面对田径运动的理解。

综上所述，学生作为教育过程中的主体，充分发挥自身主观能动性是必不可少的前提条件。首先需要更快适应智慧体育教学模式，通过自身兴趣引导，积极利用智慧设备获取知识，主动和自主的学习田径专业实践技能与理论知识。其次对自身专业技能要有更高要求，加强智慧学习能力，利用好智慧设备科学指导及技能对比等先进功能，完成专业技术动作技能形成并多加练习，提高自身专业技能与教育教学技能。最后要加强自主理论学习及训练实践，体育运动技术皆是在运动生物力学的基础上被研究出来，只有加强理论学习才能深入自身运动内涵。通过多种线上渠道进行学习，开辟获取知识路径。

2. 教师层面

(1) 改变传统教学理念

传统教学模式现如今已深深地刻在了每一位体育教师的心中，方法陈旧，教学组织单调已经成为传统田径教学的代名词现如今高校田径专项课的理念强调以学生为核心，这也就表明，学生才是真正的主体，作为教师只能是引导者或者是活动的组织者。但现如今传统体育教学忽视了田径专项课中学生的主观能动性，忽视了学生是受教育的主体这一内涵，使得田径教学本末倒置，配合上田径训练的枯燥可以说是恶性循环。改变传统体育教学模式的前提是先改变理念，从意识上开刀，主动地去接受与学习新的智慧体育教学模式。运用智慧体育教学方法激发学生学习田径专项的兴趣，提高学生学习内在动力，从被动—主动—自主逐渐转化。

由于互联网大数据时代，各种各样的信息都容易被获取，网络世界充满诱惑。这也直接导致了现如今高校体育教育专业田径专项的学生与几十年前的田径专项学生之间的差距大相径庭，并且由于田径专项训练枯燥并消耗体力的特点，很多学生心中都具有抵触心理。作为高校田径专项教师，不光需要培养学生动作技能和教学技能，还需要引导学生正确使用互联网，如何正确地在互联网上获取自己所需的知识来对自身进行补缺。运用智慧体育教学改善学生学习风气，净化学习环境，升华学生内心内在。

(2) 加强智慧田径教学及智慧设备应用能力

教师需要加强智慧田径教学及智慧设备应用能力，如今体育这一科学随着国家的繁荣强盛，经济的飞速发展，社会的和谐进步而发展得越来越快。这也吸引了更多的各领域人才投身于体育科学研究当中，层出不穷的先进教学方法也进而被创造出来。例如：翻转课堂、支架式教学、构建式教学，等等。智慧体育课堂借助云数据—智能场馆—智能终端的信息化平台展开。以《背越式跳高》新授课为例，设计智慧体育课堂案例，见以下教学设计：

课前先知：

教师活动

①教材分析：灵活运用网络学习空间，实现对教材的深度解析。背越式跳高是跳高种类的一种，是田径跳高运动中必不可少的关键技术。学习背越式跳高技术：起跳离地后，身体会在飞向横杆的过程中，以纵轴向前旋转，在到达横杆时，能保持背对横杆的状态。跨越横杆过程中，先过竿的一面是起跳腿的一侧，然后随之是头部、肩部以及起跳侧，保持头向后仰，两臂向体侧张开膝盖略微弯曲。从跳起开始，髋部就需要向外挺出，这一状态维持到完全跨越横杆。膝部靠近横杆时，小腿部分应及时向上甩，保持两腿伸直的状态，这样才能够使整个身体顺利跨过横杆，落于垫子上。要结合学生的不同水平，强调不

同的动作要求，以期学生能够熟练掌握。

②学情分析：用健康云平台实现有效的管理，可以准确把握班级学生的健康状态，也能够了解各自的健康水平。通过学情梳理，可以发现学生的认知能力较强，参与体育的主观意识积极。占比较高的学生，喜欢跳高这项运动，但是技术不高，不容易跳过较高高度，由此激发不了对跳高运动的热爱。所以作为老师，应当想办法，让学生学会发高远球，是本节课的重中之重，只有这样才能保持积极地参与情绪，提高学习效能。此外还需要关注男、女生在性格、生理等诸多方面的不同，这样才能做到区别对待、客观分配。

③微课设计：依托于互联网搜集整理优质的课堂教学资源，也可以编排跳高比赛视频，然后形成微课，上传到云端数据库，由学生自主观看，完成预习以及实地跳高练习。

④基于反馈调整教学设计。

学生活动

①观看教师在云端发布的网络微课，自行预习课堂内容，观看得分锦集，提高跳高学习兴趣，看完之后系统会自动确认任务完成。

②通过体育课堂 APP 将归纳的动作要领在线上回复老师，将预习过程中出现的问题和经验在 APP 社交平台与同学展开实时互动或者交流分享预习情况，然后将最终的结果进行反馈。

③在架构智能化平台之后，教师可以在场馆管理平台中，预设跳高课程，也可以用于预约跳高场地以及相关器材，这样能够更有效地落实实操练习的准备工作，并将跳高练习视频通过互联网发送给老师，以便老师更好掌握学生情况。

④学生锻炼通过智能手环等可穿戴设备实时监测运动心率，保证在教师规定的运动强度下进行保证安全。

本案例的执行是以智慧体育教学理念为引领，是基于理论层面的建设。但是受制于教学环境以及智能设备等，其间必然还会存在诸多不确定因素或者不可预见的问题，实践过程中多少会出现困难，还需要教师根据实际上课情况进行灵活应对。

（3）借助健康智慧管理系统监管学生健康

目前国家大学生体质测试工作正处于落实阶段，所以可对大学生实际体质测试数据进行整理、分析与探讨，进而在设计大学生课内体育课程体系及课外体育活动时，可以此作为依据，提高高校体质健康智慧管理系统的质量，实现大学生体质健康信息的共享、利用与分析，对大学生健康管理起到积极推动作用。在学生方面，其可通过体质健康智慧管理系统，对自身体质情况有明确了解，通过线上对其指标变化情况进行评估，进而在运动方面提出合理的优化建议，采取更高效的体质健康水平提升手段。教师根据体质健康智慧管理系统中所呈现的学生体质健康情况，对学生的实际现状有明确地了解，进而采取有效的科学干预手段，这不仅能提高学生的运动才能，也可降低体育教学中所存在的风险，保证体育教学工作的有效落实。学校通过体质健康智慧管理系统，对全校学生的体质健康水平有整体的了解，将其作为课程教学质量及教学资源利用程度的评估依据，为后续体育工作的开展提出具体方向与参考。

（4）加强智慧数据分析及丰富评价手段

当前高校对田径专项课评价方式主要是对学生的运动能力进行测定和对技术动作进行评定，显然，这种评价手段具有非常突出的局限性特点，如果是个体的身体素质天生较差，即使再认真努力也难以获取高分，甚至不可能及格；但是对于一部分身体素质相对较好的学生来说平时偷偷懒，不用怎么学习，怎么训练就可以轻松拿到高分。这样的评价方式显然是不合理的。伴随着素质教育改革的有序、稳步推进。基于国家层面，对当前的教育教学发展给出了明确地要求，既展现了体育在素质教育中的重要地位和价值，也为田径教学提供了明确地改革以及发展方向。智慧体育可以从多方面监控学生学习进度与运动轨迹，例如：课上的心率变化，摄氧量变化；课下的运动锻炼时长与运动轨迹等，所遵循的是健康的指导思想，从学生身体机能出发，进行多元化课程评价。

综上所述，教师首先要从思想转变，既要颠覆传统的教学理念，也要落实以生为本，这样才能够在架构教学活动、优化教学设计的过程中，充分展现学生的核心主体地位，既能够改变其被动地学习状态，有也能够真正实现高效的自主学习，全面激活参与学习的内在动力。其次需要设计与创造在智慧教学环境下借助智慧教学设备完成的田径专项课教学设计。根据智慧体育教育原理及框架理念，结合高校体育教育专业田径专项教学大纲进行建设。最后加强智慧数据分析与丰富智慧评价手段。通过课上课下例如：心率变化、摄氧量变化等多方面指标监控学生学习情况，以"健康第一"为指导思想，从学生身体机能出发，进行多元化课程评价。

3.学校层面

（1）硬件设施路径

以 4D 教室的设计理念为核心，可以对墙面、桌面进行不同色彩的设计，这样能够融合更为丰富的体育元素，体现出体育学校更为鲜明的运动特色，也能够展现学生的活泼等特点。要在教学平台中引进先进的环境控制技术、集中管控系统等，用于辅助智能化桌椅以及教室的使用。在这一过程中，不仅落实了以生为本，同时还能够以小组为单位，展开交流、讨论以及分享，进一步激活主观能动性，提高学生的参与度；也能够更有效的发展自主学力，此外，在交流分享的过程中还能够就此塑造学生的批判意识、团队意识，建立有序逻辑思维，等等。

在远程网络的辅助下，能够实现教室内所有设备的自动控制，此外，在集中管控的过程中还需要辅助一卡通系统以及教务系统，这样才能够对整体的智能教室形成集中化管控。当然在这一过程中，智慧管理平台所强调的核心在于数据，要能够以直观的方式完整展现，既包括教室使用情况，也包括师生考勤以及待办事项等，作为管理人员，不仅一目了然，还能够对系统的各项功能以及模块的运行状态做出直接且准确地判断。此外，还可以结合不同的用户，设置自定义选项，为其提供所需要的数据，或者也可用于调整首页中各模块的顺序。

（2）软件设施路径

伴随着各项高新技术的飞速发展，越来越多的新技术开始逐渐覆盖教育领域，当前使用已非常普遍的有交互白板、虚拟现实、多媒体以及人工智能，等等。在这些多元技能的辅助下，进一步提高了教学的智能化，极大地丰富了教育教学的资源获取路径、展现路径，也能够为学生提供更多元的学习模式。在应用了智能化之后，不仅可以聚焦学生，注意还能够进一步提高教学效能，改变了传统的教学格局，实现了教学质量的颠覆式突破，还成功地架构了下一代学习系统等。

高校应积极开展与互联网平台的合作，加强本校体育理论课程的自主研发，一方面可以拓展知识视野，另一方面也可以丰富知识获取渠道，此外，在帮助学生塑造良好运动习惯方面也具有显著的促进作用，能够使其树立正确的运动价值观。如今的"慕课"大都设置了多个教学模块，既包括教学目标、教学活动，也包括课堂互动以及教学评价等。然而我们也需要客观地意识到"慕课"也有自身的不足，如：不利于学习目标的深度达成、线上教学与线下教学脱节、线下脱离线上评价效果等。所以，高校应大力加强自身课程开发，深化改革与补充，与教师课上进行的体育教学达到相辅相成的效果。

就高校方面来看，应当主动与互联网企业之间建立合作，并设立专管部门，推行 APP 进行对学生运动监督与运动管理。通过心率监测和运动轨迹来控制学生每周甚至每日的运动量和运动频率。在 APP 中推行多元化运动任务，充分发挥学生的运动兴趣作用，这样就能够彻底改变体育任务的被动状态，提高学生的参与能动性，使其身心得以健康发展。坚持体育锻炼也是对体育知识的一种复习方式，在大学四年级没有专业课的阶段，可以将之前学过的知识进行延续与传承。帮助学生养成终身体育习惯，为社会培养身体健康的应用型人才。

当下网络课程的开发已经小有成果，但仍不完善。例如在网络教学中，教师的主导地位未曾改变。由于学生基础不同，认知不同，对于网络课程中的内容接受能力自然也就不尽相同，没有做到以学生为本，因材施教。

高校应集中整合体育课程资源，开发并推出一个统一的线上体育资源学习平台。在原有网络课程平台功能的基础上，学生可以根据自身学习情况自主选择内容并定期开设专家名师直播，实现在网络中面对面教学。同时，打造独特线上师生互动平台，在网站中设有教师解惑模块，当学生出现与体育相关的问题，可通过这一渠道咨询教师来为自己答疑解惑。同时，各个高校在发展自身的同时也应及时在互联网分享自身研究成果与发展心得，在云端互帮互助，为政府开发公共平台提供帮助。

综上所述，智慧体育的发展仍处于起步阶段，对于其理论研究与实际操作的案例还远远不够。但高校可从完善硬件设施和软件设施及开发自身网络学习平台这三个切入点入手。硬件方面，创造智慧教室和引进智慧教学设备来打造智慧教学环境。软件方面，通过学习或引进数字化技术，智慧学习技术，可视化技术和互联网技术，在智慧教学课堂的环境下灵活运用。各地方高校需结合自身地方情况和地方特色，从不同角度进行理论分析并着手实践检验。得出成果上传至云端，给予其他高校发展参考。有关部门应集中专家，对各地方研究成果和实践成果进行整合与分析，研究出有利于我国高校发展形势的指导性文件，鼓励各地方高校深入研究，促进智慧体育教学在高校的发展。

第三节　高校体育教学模式的生态化

一、高校体育教学模式创新优化的生态原则

（一）整体性原则

高校体育教师是否拥有整体观念以及在思考和处理问题时能否采用整体观念对于维持高校体育教育的生态系统平衡有非常重要的作用。影响高校体育教学的效能和高校体育教育功能发挥的因素很多，如高校体育教学生态系统的内部和外部因素以及各种人为原因都会引起高校体育教学的生态系统不平衡等问题。从生态视野创新优化高校体育教学模式要坚持整体性原则，这要求高校体育教师在思考和处理问题的过程中，不仅要重视整体，也要关注局部各要素。古语有"不谋全局者，不足谋一域"的说法，其中蕴含的道理就是全局对各个组成部分有决定性作用。同时，也不能忽略局部对全局的影响，甚至在某些特定情况下局部也可能会对整体起决定作用。因而，高校在制定方针政策、进行资源配置以及调整组织结构等举措时要考虑高校各个部门、各个领域的整体性，以使高校各个部门的管理工作发挥更大的功效。因此，应将整体性原则贯彻于建立组织机构、制定相关制度、方案实施以及检查评估的全过程，创新优化高校体育教学模式，充分协调高校体育教学生态系统内部各要素，确保高校体育教学生态化进程的稳步推进。

（二）动态性原则

动态性是事物发展的规律和特性之一，高校体育教学生态系统也具有这一特性，因而

它的发展也需要遵循这一原则。作为一个具有动态性特征的系统，不仅受到系统内部因素本身的限制，还受其他相关系统的制约，而且这种影响并不是一成不变的，它会随着主体、时间和地点的变化而发生变化，高校体育教学生态系统要保持开放状态，根据外界相关系统的变化不断调整前进的步伐。因此，高校体育教育在发展过程中，要遵循社会发展规律，时刻关注高校体育教育发展的最新动态，掌握最前沿的信息，才能把握高校体育教学生态系统的发展趋势，及时发现自身问题并进行调整改善，以保证高校体育教学生态系统的有效运行，最终实现保持系统平衡的目的。

（三）系统性原则

所有的系统都是由很多要素组成的，高校体育教学的生态系统也一样，它由许多要素组成，各个要素相互依赖且存在一定联系，从而使高校体育教学生态系统构成了一个具有一定功能的综合整体。这个完整的系统既有内环境又有外环境，既有宏观因素又有微观因素，且各个要素在系统内具有不同的作用，它们的相互作用和相互影响使系统发挥整体功效。因而，从生态视野创新优化高校体育教学模式时需要遵循系统性原则，用系统性观念看问题，在处理高校体育教学问题时要关注各个要素之间的联动性、相关性以及各要素在结构和层次上的连接与协调，以提升系统运行的整体效果。另外，还需要走出高校体育教学生态系统，从系统外的大环境结合各种宏观因素把握高校体育教学生态系统内部的变化和发展，以实现系统内的和谐以及与外系统的整体和谐，使高校体育教学生态系统的功能得到最大限度的发挥。

（四）差异性原则

在高校体育教学生态系统内部，各个要素以及各个主体既是相互联系的整体又是各自独立的个体，且每个个体都有明显差异，它们在系统中有着自己独特的功能。系统内部的这种差异性运用到高校的教学管理中，体现在学校不仅要整体把握协调各项工作，还必须合理分清每项工作的要求和工作性质。在尊重个体差异的前提下，立足现状和实际需求，区分事情的轻重缓急才能确保学校整体工作有序开展、协同推进。一方面，高校体育教育的管理者不仅要从整体上把握师资队伍，而且要熟悉每一位教师的特点并尊重他们之间存在的差异，遵守扬长避短的原则合理分配工作，使他们的才智得到最大限度的发挥；另一方面，高校体育教师在教学过程中要充分认识到学生个体之间的差异并尊重他们这种差异性，因材施教，以使每一个学生的专长和潜能得到最大限度的挖掘与开发，促进学生的自由全面发展。高校体育教学的生态化发展不仅是一种迎合时代发展、满足社会进步需求的全新理念，而且是一种极具生命力的发展理念，因而，这种发展趋势必然是实现高校体育教学可持续发展的理性选择。

二、高校体育教学模式创新优化的生态环境

高校体育教学生态环境是教育生态环境的组成部分，它是教育生态环境里所有和高校体育有关系的环境因素的总称。研究生态环境对高校体育教育的作用，可以通过分析生态环境中各因子以及它们与教育的关系和作用机制了解高校体育教育中的物质环境和精神环境是如何相互联系在一起的，这将有利于我们更全面、更扎实地研究和了解高校体育教育的发展规律。

（一）自然生态环境

高校体育教学的自然生态环境主要是指高校体育教学场馆和高校体育教学设施，它们是高校体育教学活动得以顺利展开的物质基础。近些年来，虽然我国高校体育基础设施的建设有所发展，高校体育教学周围的自然环境也得到了一定改善，但是这些环境问题属于历史遗留问题，且普遍上对这一问题的认识不足，要想改变这种情况也绝非一朝一夕就能完成的。事实上，目前我国高校体育教学的自然生态环境不容乐观，不管是在质量上还是数量上都难以满足体育教学的需求，加之近年来高校不断扩招，大学生数量骤然增加对本来就薄弱的体育设施来说更是雪上加霜。另外，高校不断扩大办学规模致使建筑空间陷入更加紧张的境地，导致高校体育教学设施不仅得不到改善，反而时常出现被侵占的现象。这些都说明当前我国高校体育教学的自然环境存在严重问题，且环境保护意识太弱了。

高校体育教学生态系统的自然环境是人、体育和自然环境三者处于和谐共生的状态。高校体育教学不仅要把体育知识和技能传授给学生，更要让学生学会如何利用周边的资源提升健康水平。高校体育教育是实现体育事业创新与发展的重要方法之一，高校应该通过体育教育培育或是增强大学生关爱自然的环保意识，共同努力改善高校生态自然环境。反过来，自然环境的改善也有利于高校体育教育的健康发展。只有通过各方面的努力，才能使人、体育和自然环境和谐共处，最终实现三者的可持续发展，达到生态平衡。

（二）社会生态环境

高校体育教学模式的社会生态环境主要包括高校体育教学的政治环境、经济环境和家庭环境。

高校体育教学生态系统的政治环境主要体现在执行体育教学制度方面：一是贯彻执行中央制定的相关政策；二是在对高校体育教学策略的实施。高校体育教学的生态平衡与高校管理者对高校体育的认识水平和重视程度有很大关系。如果高校管理者轻视体育教学生态系统，那么高校体育的教学活动开展就会变得很随意，而高校体育的发展也会失衡；反之，如果高校管理者重视体育教学，为高校体育的经费、设备、设施等的充足和完善提供物质保障，高校体育教学活动也能顺利开展，也为高校体育教学生态系统保持平衡提供了

制度保障。总之，在高校体育教学的政治环境中，高校管理者对体育的态度会在很大程度上影响高校体育教学生态系统的平衡。

高校体育教学生态系统的经济环境主要体现在体育教学设施经费投入方面，它与高校体育的发展相互影响，一方面，高校体育能够培养满足社会需求的各种各样的人才，促进社会经济的发展；另一方面，经济环境的好坏会制约高校体育的发展。纵观全局，高校体育中的所有设施与制度都从属于国家发展计划，不管采取何种措施对高校体育教学模式进行创新与优化都是为了适应社会、满足社会经济发展需求。

家庭环境不仅是社会环境中不可缺少的组成部分，也是高校体育教学模式创新优化社会生态环境的根基。家庭对每个人身心发展的重要性是不可估量的，如果家庭环境能营造良好的体育氛围，家长能有意识地引导孩子参与科学锻炼，不仅能达到增强体质、提高免疫力的健身效果，还能锻炼其吃苦耐劳的精神，培养其坚强的意志品质，有助于学生的全面发展。有很多著名的运动员之所以能取得成功，其原因与他们的家庭环境密不可分，如著名篮球运动员姚明就是出身于体育家庭，他的成功与家庭的遗传、熏陶、引导和支持都是密不可分的。因此，高校体育教育的生态平衡离不开学生家庭的支持。

（三）规范生态环境

高校体育教学的规范生态环境主要包括三个方面，分别来自学校、教师和班级。一是社会规范和学校规范，其中最典型的是课堂教学，它作为高校教育的缩影，不仅充分体现了社会要求，也是学生实现社会化过程的重要途径；二是高校体育教师为确保课堂教学活动的顺利开展对学生提出的规范性要求，将这些规范性要求融入课堂教学中就形成了课堂制度；三是作为学生日常学习交流基本单位的班级进行内部管理而形成的规范性制度，也就是我们通常所说的班级管理制度。

第四节　后疫情时代背景下高校体育混合式教学模式的发展研究

一、线上教学平台与综合教学管理系统的建立

线上教学平台的构建思路如图 4-3 所示。线上教学平台与综合教学管理平台的建设是高校体育线上线下混合式教学模式实现的技术基础。利用信息技术，为高校体育课程线上资源共享平台的建设作出贡献，是高校体育课程教学改革的必然发展方向，也是高校体育课程的创新和改革。高校体育线上教学平台和综合教学管理平台的建立，不仅是对彻底履行高等教学科学发展观和高等教学质量工程的高度解释和集中表现，而且是高校体育教师充分发挥文化地缘等优势，开拓高校信息化应用和发展模式，为整个社会服务进行新的探

索和尝试。

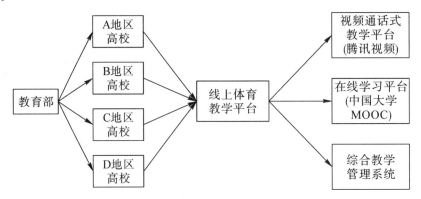

图 4-3 线上教学平台建设

（一）对现有线上教学平台的分析

由于疫情影响，各地高校推迟开学时间，各地区高校相互交流、相互学习，建立线上教学资源平台为学生提供学习支持，以达到"停课不停教、停课不停学"的目的，在这样的大环境下，许多线上教学平台在这个时期陆续被大规模使用。

现有的线上教学平台大致分为两种：一是以中国高校慕课为代表的线上平台，主要是在平台上上传教学资源，课堂上学生自己学习，学习结束后教师统一答疑，作业或考试上传到平台由学生自己根据自己的安排完成。这种方式的特点是重视线上异步教学和非当面同步教学。在课程中，教师与学生的交流比较少，学生对于学习的参与感比较薄弱。对于重视学生自身实践与体验的高校体育课程方式并不能胜任所有的教学工作，这种教学方式对学生的自我控制能力要求较高，要求学生主动参与课程学习，课后积极参与讨论，对学生的学习状态进行有效监督。二是以面对影像作为教学媒介的授课形式，在这种平台上进行的教学形式与线下过程相似，与第一种平台相比，教师和学生之间的交流更加便利。其特点是重视教师和学生在线上同步学习，教学方法、课程内容较为灵活，但由于现已普及的信息技术功能的限制，对于学生的空间限制较大，无法使学生完成需要及时传递信息给教师的身体大幅度运动的教学内容，限制了体育技术动作与运动体验的教学。

这两种线上教学平台都有自己的优劣势，但都有一个共同点，就是无法担任起完整高校体育课程的教学责任，同时这两种教学平台也有着显著的差异，主要体现在教师与学生在教学的同步与异步上，然而这两种教学平台都有着自己独特的优势。因此，在综合性线上教学平台的建设中，要兼顾这两类线上平台的特点，不仅建立线上同步的体育教学直播间，也需要建立线上课程资源库，以满足课程的不同需求。同时，这两种线上教学方式都缺乏对学生学习情况、教学评价、课程进度的管理，使得教学质量无法得到良好的保证。因此，在线上教学平台建设中，发展教学技术的同时，也要重视管理，充分发挥线上教学为教学所带来的优势。

（二）建立统一的高校体育教学平台

建立统一的高校体育在线教学平台是实施高校体育混合式教学的物质基础。其优势为以下四个方面：第一，统一的线上教学平台有助于提高现任教师的混合式教学工作水平。第二，有助于教师之间的交流。第三，有助于新课程标准的顺利执行。第四，有助于提高社会人口体育文化的素养。其实现途径如下：

（1）建立统一的教学平台，需要在教育主管部门牵头下，各地高校组成体育教学的全国大联盟与区域性的小联盟。由于高校体育课程的开展受地域、经济发展、文化传统、学校类型等因素的限制，不同的区域存在独特的传统体育项目，例如北方地区有着天然的冰上项目"教室"。所以建立全国的高校体育教学联盟可以加强不同区域的体育交流，使学生能够扩宽知识面，丰富学习内容，打破地区所存在对于体育教学的刻板印象。区域性的高校体育教学联盟的建设可加强同区域不同高校的教学交流，强化体育教学品质。在此基础上吸引更多高校加入教学联盟，最终达到"全国一盘棋"的教学格局。

（2）建立线上教学平台对社会的开放学习系统。高校体育课程网络资源教学平台对社会开放有助于发展人民的总体体育素养，使所有人都可以享受优质的体育教学资源。线上教学平台不仅是供高校之间相互学习、相互借鉴，也应该对社会全方位开放，在此过程中不仅为人民提供了社会发展红利，通过社会信息的反馈可以帮助大学体育课程网络资源共享平台提高质量。

（3）建立相对合理的、统一的课程管理体系的标准。建立统一的标准是教学资源共享的前提准备，在教师在岗培训和新进教师培训时，集中一个平台进行业务技能培训，有助于提高教师的学习效率，降低学习成本，同时也避免出现同一课堂上对于不同学生的不同管理标准与评价标准而带来的教学混乱。

（4）建立教师之间的线上交流网络系统。不同高校的体育课程的开展有着不同的特点，这就导致了教师之间的差异，教师需要通过相互间不断地交流来丰富自己的教学能力，同时教师会通过教学实践不断积累教学经验，这些经验包括对于课堂内容的把握、教学方法的使用、与学生沟通的技巧等，而随着经验丰富的老教师的退休，很多优质的教学经验并没有流传下来，这无疑是对人力资源的浪费，所以建立教师线上交流网络系统既可以帮助教师的相互交流，也可以帮助老教师的教学经验能够得到有效的利用，以帮助教师教学水平的提高。

（三）建立高效教学管理平台

（1）建立学生画像系统，根据不同学生群体特点，制定不同层次的体育教学计划。以人为本，在尊重、关怀、理解人的基础上，以服务的理念来制定教学管理方式和手段。高校对于人才的培养是否能满足受教育者的需求，重要的是受教学者的学习体验，教学管理只有做到"以人为本"，才能将管理目标从对学生进行控制转变为向学生服务。对于身体素质和行为习惯不同的学生和具有不同教学水平认知学生，教学管理工作应体现层次差异，需要通过线上平台技术进行学生档案的全面分析，以制定不同层次的学习制度来适应不同学生群体。同时，高校学生的学习需求也在逐渐变得复杂化、多样化，教学管理者也需要及时听取学生的建议，并站在学生的角度上出发，制定体育教学计划。

（2）建立意见反馈平台，多方共同建设良好的教学环境。以教育管理组织作为基础，充分考虑教师与学生的意见。高校教学管理要尊重学生的意见，需要教学管理人员、教师、学生共同建设高校教学模式，以实现高等教学质量的共同管理，共同处理现存矛盾。

（3）以线上平台为基础，建立线上线下综合教学管理平台。线上教学与线下教学等通过信息技术突破了时间和空间限制，在一定程度上扩大了学生的学习自由。在这样的背景下，教学管理不能只是针对线上或是线下，单一的教学管理会使线上与线下教学分裂，使一门课程分裂为两门课程，这样不仅不能提高学生的学习效率，反而会使教学质量大打折扣，所以我们需要建立一个兼顾线上教学与线下教学的综合平台，并对教师教学、学生学习进行全面管理。第一，是各教学管理机构应根据自身情况提出合理的提案和对策，以此为基础，形成符合学校实际情况的政策规划，确保线上教学与线下教学相互切换的稳定性和连续性；第二，是要以线上平台作为综合管理平台的载体，充分利用线上平台数据处理、传输的快捷性，实现线上、线下教学数据同步传输，并对在教学过程中所产生的教学数据进行及时反馈，对教学中所出现的问题进行及时解决；第三，要规范信息教学资源，高校要建立功能完善的教学资源中心，不仅是向学生提供优质的线上学习资源，也要为教师提供有效的线上、线下教学资源，同时，加强对国家级、省级和学校级资源共享平台的利用，实现独立研发创新；第四，加强信息技术基础设施建设，使线下课程中教师与学生在教学过程中产生的数据能够高效地向线上传输，使线下的教学与学习的成果可视化；第五，要便于教师与学生的使用，线上管理平台从本质来说是服务于教师与学生，所以在管理系统设计时一定要使界面能够简明易懂，让教师与学生能够尽可能简易地进行操作；第六，要建立教师与学生的及时反馈系统，使教师与学生参与评估，充分考虑教师与学生对于教学实践的意见，使他们也共同参与到教学管理的工作中来，以保障线上线下混合式教学的可持续发展。

二、根据高校体育课程特点分配好教学内容

现代体育教学提出体育核心素养的三个维度包括运动能力、健康行为与体育品德，体现了现代高校体育教学目标的多元化。其中运动能力的学习领域是体育课程内容的基础领域，同时运动能力的学习领域是实现其他两个维度目标的载体。

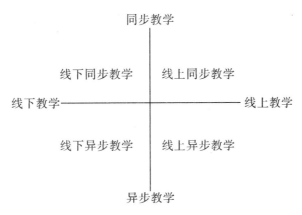

图 4-4　线上线下混合式体育教学的四种课时

体育课程离开了运动能力的学习，其他领域的目标将会变得无意义，会失去体育课程本身的特性。线上教学与线下教学的结合作为混合式教学的本质特点，如果只是进行线上教理论，线下教学实践的划分，必定会导致线上课程与线下课程的割裂，所以在设计教学内容时必须对所教授的课程内容进行全面评估，将课程内容放在合适的位置。将线上线下混合教学分为 4 种课时（如图 4-4），分别为线上同步教学、线下同步教学、线上异步教学与线下异步教学，通过分析各种课时的特点，来探究如何优化高校体育混合式教学内容的合理分配。

（一）线上同步教学

线上同步教学采用网络视频系统的方式来进行，其优势在于便于文字信息与视图信息的传递，可以从客观角度上对运动能力、健康行为与体育品德进行学习与讨论，同时也便于学生从宏观角度上了解运动项目。其在高校体育线上线下混合式教学中发展的路径为以下几点：

第一，教师通过与学生共同鉴赏体育赛事，分享运动员事迹，来培养学生的体育品德与健康行为认知能力。作为让学生体验体育之美，感悟无私奉献、团结、宽容、诚实等体育精神，从认知上感染和影响学生，健全其人格，让其充分享受体育之乐，从而从思想上让学生树立终身锻炼的意识，进而促进学生的身体、心理和思想的素质，改变同学们对体育的认知。通过比赛的视频与教师的讲解，使学生对于体育精神的体会更加深刻，让学生明白我们为什么要参加体育活动以及体育活动能够为我们带来什么，以此来提升学生的运动兴趣，增强学生参与体育活动的积极性，塑造学生终身体育的健康观念。

第二，教师通过对于运动项目的技术动作与运动实践的讲解，来发展学生的运动能力。由于现有的、已普及的互联网技术的限制，线上视频课程对于三维空间中身体运动轨迹的信息传递效率会低于线下教学，所以在混合式教学模式中，线上同步教学在运动能力的培养中不能取代线下教学中的技术动作的培养，不能作为主要教学方式来进行，但也不能否定线上同步教学对于体育教学作用，在线下进行运动能力前，运动项目的讲解可以作为课前的初步学习，以此来提高学生的学习热情与使学生提前形成动作的视觉印象，为线下课程做好铺垫；在线下进行运动能力后，为学生讲解动作体系，促进学生固化运动能力的认知。

第三，教师通过网络视频与对于运动健康知识的讲解，向学生传授如何通过运动的方式来保持身体健康以及预防运动损伤的发生。教学内容注重学生生活经验联结，强调教师与学生、学生与学生的线上交流，教学方法主要通过互动与反思，使学生能够自主地深度学习，从而培养学生的健康行为。这里所说的生活经验是指学生的体育课程学习经验、线下运动参与经验，这种经验是通过较长时间的学习和活动体验积累而成的。

（二）线上异步教学

线上异步教学是指师生在分离的教学时空下，利用线上学习平台、互动学习工具等信息技术开展的教学活动。其在高校线上线下体育混合式教学中发展的路径为以下几点：

第一，由于线上课程中，教学信息可留存的特点，学生可以通过线上学习平台观看教师录制好的或其他的优质教学资源的视频，对于已经结束的同步课程进行查漏补缺，并且对已经学习的课程内容进行巩固，根据运动能力的发展规律，运动能力在进入自动化阶段以前，容易产生动作变形等问题，需要不断去进行训练与调整动作来避免这样的情况发生，而异步线上课程可以为运动能力的巩固提供一个良好的视频指导。

第二，通过浏览体育教学拓展资源、查阅相关资料，充分发挥学生的主观能动性，使学生能够根据自身需求进行自我学习，满足其个性的发展。例如慕课发布的大众游泳课程，课程致力于将教学覆盖内容全面，贴近日常生活课程从入门基本姿势、熟悉水性逐步深入，不仅对蛙泳、自救、仰蛙等姿势进行了教学演示，还对社会上流行的潜水、水球、水中健身、水中康复、水下曲棍球、水上皮划艇、水上龙舟、尾波冲浪、花样游泳、铁人三项和婴儿游泳等项目进行了专业的介绍，并且对运动中怎样防护、怎样自救、救护他人，还对营养健康都有专业介绍。教学视频中，所有拍摄的内容都是邀请专业人士进行演示示范，展示全面的细节，能够帮助学习者养成良好运动习惯。教学团队经验丰富，在合适的时间组织线上互动答疑活动。从这两门课程可以看出，线上体育教学对于整体内容的把控偏重体育精神的传递、体育美学的欣赏、锻炼意识的加强、体育认知的清晰、健康知识的教导等便于抽象理解的教学内容。其把运动能力分为三个部分：第一部分是对技术动作的讲解与分析，使学生能够大致建立起动作的知识体系，为线下教学起到了课前预习的作用，例如在游泳教学中爬泳换气的陆上模拟练习，可以在一定程度上提高线下课堂中水下教学的效率。第二部分是对于线下体育教学的补充。根据教育部规定，大学生高校体育课需要在 144 个课时中掌握至少两项运动技能，由于每个学生的学习速度不一致，导致部分学生"刚刚吃饱"，而有些学生"吃不饱"，线上体育教学可以作为这些"吃不饱"的学生提供拔高技术动作的途径，对"刚刚吃饱"的学生提供巩固技术动作的途径。第三部分是加强所有学生的实地参与感，提升对体育精神的体验，提升体育对人精神上的正向干预作用。

第三，教师则可通过线上学习平台或互动学习工具完成发布资源、作业批改和错题分析等教学活动，并参与到学生之间的互动交流、提交学习成果，自主练习和分享学习感悟等学习活动。

（三）线下同步教学

线下同步教学是高校体育混合式教学模式的重要组成部分，其开展形式与传统线下教学相似，但又不能等同于线下教学，其最主要的区别就在于线下同步教学需要与线上教学接轨，分别从三个方面进行。

第一，运动能力方面，线下同步教学需要在线上同步教学的初步学习的基础上进行，所以需要缩短教师的示范、讲解时间，增加学生练习、实践时间与师生交流时间，课堂交流包括教师与学生交流的主要目的在于通过教师纠错，优化学生技术动作，让学生用身体去体验运动技术，体育与其他学科有所不同，其极大程度地需要个人的主观感受来引导学生学习，只是单纯的线上学习必定会导致学生出现"一看就会，一做就忘"的现象。

第二，运动品德方面，体育品德包括体育兴趣、健康文明的生活方式、体育道德与体育精神等因素，在这些理论学习的基础上，需要学生通过参与、体验体育互动活动来获得切身的体会，在实践中可以让学生体会到同伴之间的信任，使学生明白换位思考的重要性。

第三，健康行为方面，在线下同步教学过程中，教师在运动能力教学的同时，也需要对常见的运动损伤的预防进行讲授，在实践中学生能够更直接地感受到保护的重要性，树立正确的运动安全观念。例如在游泳课程中，教师会通过讲解与引导学生实践来教授心肺复苏等重要的水上急救技术，这类实操性的运动损伤预防以及应急处理技术在线下的实际操作可以提高学生的学习质量，使学生更加熟练掌握此项技能。

（四）线下异步教学

线下异步教学是发展学生个性、组织学生参与运动实践的主要形式。是指课后学生的体育参与，将所学习的知识、技能运用到实践当中，它包括了课后作业、组织校园体育赛事等，其在高校线上线下体育混合式教学中发展的路径为以下几点：

第一，运动能力方面，学生根据自己的兴趣与能力，充分使用课程中学的知识与技能，积极参与到实践当中。实践包括了学生自发参加的体育活动和教学者引导的体育活动。这些活动可以使学生充分发挥个性，根据自己的兴趣与能力，选择自己想要参加的活动。活动的开展需要学校拥有完善的体育设施，为学生提供足够的场地进行活动，也需要校方加大校园体育赛事体系的构建，搭建足够的舞台给学生展示学习成果的机会。

第二，运动品德方面，要求学生在运动实践中充分体会体育的乐趣，其主要方式与培养运动能力相似，在运动实践中充分体验体育的乐趣与责任。

第三，健康行为方面，使学生能够将理论联系实际，把学习到的健康知识充分运用到生活当中，为学生养成良好的运动习惯、培育强健的体魄与保持健康的心理夯实基础。

（五）全面评估课程特性

高校体育课程有以运动能力为主导的教学目标的过程，例如三大球、三小球主导类体育课程的教学过程中，其特点在于重视运动功能的学习和身体素质的训练，在教学过程中需要学生自己的体验和实践，也需要教师对动作细节的矫正，因此这一过程对线下与同步的教学的需求更多，同时要充分发挥线上教学的预习与扩充知识的作用，使得线上学习与线下学习能够平顺地过渡；以体育文化、健康知识等作为主导的课程，在教学过程教师可以通过线上同时授课的时间播放体育比赛视频讲授体育知识，并在线下的课程中充分利用线上所教授的内容，让学生能有更多的时间去体验体育所带来的享受。总而言之就是要充分评估课程特点，分配好线上、线下教学中所需要教学的课程内容，并做好线上与线下的衔接工作，使线上与线下课程相互补充、相互促进。

三、制定优质的课程实施质量标准

为了确保课程质量不会因为学校教学的主战场从线下转变到线上与线下混合而下滑，建立起一个全面的、客观的、有指导意义的线上线下混合式教学实施质量标准，全方位地评价混合式课程的优势和不足，就是教学管理部门急需解决的基本问题。

在制定高校体育线上线下混合式教学模式课程标准的过程中，应当充分考虑高校体育课程的特性，参考原有的标准，并且针对体育课程，建立一套兼顾线上与线下的高校体育课程实施标准。

首先是线上课程实施标准的分析。美国是线上教学的先驱，其管理部门高度重视线上教学的质量。美国线上教学质量认证机构所制定的"QM质量标准"作为比较完善的评价标准和课程建设标准是需要得到重视的，直到现在许多线上课程建设者仍然以该标准作为指南。同时中国的线上教学评价标准也是参考的必要模板，在课程组建设等6个方面对线上开放过程提出了明确的要求。如图4-5所示。

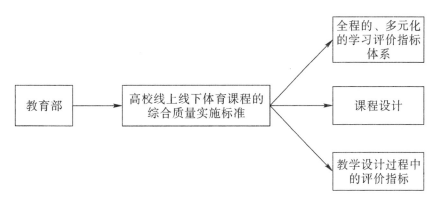

图 4-5　高校线上线下体育课程的综合质量实施标准示意图

优质的高校线上线下体育课程综合质量实施标准的制定需综合"QM 质量标准"与"国标"两个线上教学实施标准，并结合我国体育课程评价标准的困境，其关键点在于：

（1）构建全程的、多元化的学习评价标准体系。建立多元化的体育学习评价体系时，应由多元化的内容、方法、评价标准和评价主体组成。

充分利用线上教学平台收集评价信息，使教师能够及时了解到学生的学习情况，充分发挥评价的诊断、反馈、激励和发展功能，促使学生能够积极主动地参与学习和更好的挖掘学生的潜力，以达到学生更好地学习和教师更好地教学的目的。其中心是在学习评价中，充分利用信息技术手段，如移动设备、云支持技术和社交媒体等，这些技术在体育课程中的应用具体表现为心率监测仪、计步器、运动手表等。要求通过信息传递，将线下体育课程的评价数据同步上传到线上管理平台，既起到了对于学生学习情况的实时监控，也可以增加教学评价方法和时效性，以此来达到提高教学评价效率的目的。

（2）以课程设计为中心，对各个高校体育课程内容进行合理评估，根据不同类型的体育课程内容，明确线上与线下的课程安排，提高课堂资源利用效率，使线上与线下的教学活动相互促进、相互补充，以达到提高学习效率和教学质量的目的。

（3）增加教学设计过程中的评价指标，发挥指标体系的引导和指导作用。"QM 标准"分别从课程概述和介绍、学习目标、评估与测量、教学资源、课程活动与学生互动、课程技术、教师支持、无障碍课程环境等八个方面对高校线上课程提出了具体要求。制定优质高校线上线下体育课程的综合质量实施标准需要考虑：第一是要详细介绍课程，不仅是从学习内容上进行概述，也要从学习方式、运动强度与学习难度等影响因素做出详细评价；第二是要明确学习目标，学习目标应该的是多元化的，在保证学生全面发展的前提下，也需要对学习目标有着明确的侧重点，例如网球课程的教学内容不仅要有网球技术的学习，也要对网球文化、网球规则、网球的赛事欣赏等内容进行教学，根据学生的本身基础来做出侧重点的调整，初学班应当侧重于运动技术的学习，而更高一级的班级应该将侧重点向更多元化的目标偏移；第三是多元化的教学评价体系建设，虽然体育课程的教学重点在于身体素质与运动技术的发展，但也需要对于其他方面例如健康知识进行评价，从线上与线下两个维度进行评价可以更加全面地了解到学生的学习情况，并及时给予反馈；第四是教学资源的合理分配，根据不同体育课程的特点进行课内课外与线上线下的学习资源分配是必不可少的；第五是加强师生或是生生之间的互动交流，交流与互动是体育对社会适应能力发展的动力来源，体育活动本身就带有社交属性，我们要给予学生参与其中的机会，或是引导学生积极地参与，而不能只是单纯的单人练习；第六是大力发展课程技术，首先是发展课程中使用的信息化设备的能力，若是一项技术你无法使用，技术再怎么优秀也无济于事，所以必须发展教师的设备使用能力，对教师的进一步要求是使用丰富的信息技术提升学生的学习兴趣，提高学生的学习效率，例如在体育理论学习中穿插一些 flash 小游戏进行模拟学习；第七是加强教学支持，清楚说明信息化设备的使用流程和回复教师与学生的疑问，帮助教师与学生取得学校提供的学术支持服务和资源，清楚阐明资源的可访问性与服务政策；第八是简易化课程技术，使其容易操作。

四、加强教师与课程支持团队的培养

（一）完善教师档案

由于人工智能与大数据分析技术的特点，在监测警告、干涉调节等的领域表现优异，使教学信息化管理转变为系统的智能化管理。在这样的背景下，对于教师档案的建立，应当更加全面，不能只局限于人口学数据，例如年龄、教龄、专项、荣誉称号、教学时间等，这样的数据对于教师的了解并不全面，教师档案的完善应该从整体角度出发，第一，教师个人信息的记录除了教师的人口学数据外，还需要记录教师的学习过程、实践过程、运动专业项目等基本信息，在此基础上进行智能化分析，进而形成教师的学习习惯、教学风格、实践水平以及具备的能力等相关的判断。第二，记录教师的学习过程，包括教师在教研活动、参加的社会培训这类提高自身工作能力的过程中所产生的数据。第三，教师在教学过程中的实践经验，包括教师在教学设计、实施和评价等过程中所记录的数据。第四，对教师进行能力认证，包括教学能力、运动技能等方面进行评测，充分了解教师与课程的契合度，以此来判断该教师是否能担任某课程的教育者。在形成教师的全面档案的基础上形成专业的对教师的全面分析，并为教师推送专业的改进建议。

（二）进行全面的教师的培训

当前的教师培训领域已有一些创新的培训模式，包括名师工作坊、影子校长、翻转课堂、任务驱动、"互联网＋"校本研修等。教师的培训工作需要顺应时代的发展，充分体现了在信息化时代中，创新型教师培训模式的重要性，在后疫情时代，教师的线上培训模式会有更大的利用空间。但总结来说无论采用哪种教师培训模式，都需要从以下四个关键要素出发：

1. 应用目标

在使用创新的教师培训模式时，应该从实际出发，将发展学生运动能力、健康行为与体育品德作为出发点，充分利用教学资源，从线上与线下两个方面对学生进行全面的教学干预。

2. 真实场景

发展教师的业务能力，需要从教学实践中、教研活动中学习。从各国教师专业发展模式来看，组织教师集中学习是一个大的趋势。在集中学习的模式下，教师可以在真实的教学场景下，进一步提高教学实践与教学管理的认识，并提高线上线下教学技能的应用能力。

3. 适合性资源

对于教师培训的教学资源需要满足教师的教学能力水平与专业学习需求，对不同的教师提供个性化的学习资源。为了满足教师的个性化要求，这些资源必须符合结构性倾向强、简单、适用、可转移、易于推进的原则。

4. 正确评价

随着大数据和分析技术的发展，对于教师的评价应当从模糊提高到全面的水平。例如，以前对教师的教学进行评价时，大部分都是从整节课的角度来进行评价，而在信息化技术作为支撑的背景下，将评价细分到每一分钟甚至每一秒钟，这种方式有利于教学过程中教师处理各种教学细节能力的提升。在集中教师能力培训的过程中，也能够产生教师的各种教学信息，从而为构建教师全面的信息档案提供有效的素材。

（三）建立强大的课程支持团队

课程支持团队应该包括课程开发团队与教学助理团队。优秀的线上线下混合式体育课程开发团队是创造优质、高效课程的重要保障。课程开发组的建设应该由学校统一规划，体育教研组作为主导，根据本校体育教学的实际需要，通过对国内外先进的体育线上和线下教学经验的学习，并结合学生的教学反馈，不断对高校体育线上线下混合式教学课程进行革新，使得课程始终保持活力，提高教学对学生的体育核心素养的强化效果。

教学助理团队的建设是决定混合式教学是否能良好运营的关键。教学助理团队的建设应该由学校统一规划，以教务处为主，由现代教学技术中心安排专人管理。教学助理团队的主要工作内容包括处理学生学习情况的综合反馈，并及时与课程开发团队和课程教师进行沟通；在综合教学平台中引导学生积极参与互动讨论，组织教师学生进行线上的答疑互动，为教师和学生提供良好教学环境，营造线上线下混合式教学氛围。

五、增强高校体育课程抗风险能力

新冠疫情对于高校体育教学开展的影响无疑是巨大的，各级单位为了能够保证教学的开展，不至于导致高校全面停课，作出了很多努力。在这样的背景下，各高校能在教育部的指导下有条不紊地开展线上教学，可以看出我国教学系统从上到下都有着强大的管理能力与高效的反应力，但与此同时也暴露出了传统体育教学模式对于类似情况出现时，所表现的抗风险能力较为薄弱，各高校也缺少应对类似紧急情况出现的教学预备方案。线上线下混合式教学模式相较于传统教学模式，其对于空间与时间的依赖性较小，同时也可以让学生提前适应线上体育教学，以至于当自然灾害或是特殊情况再次来临时，从正常行课转变被紧急状态的过程留有余地，所以我从线上线下混合式教学模式的角度出发，来探索如何提升高校体育课程的抗风险能力。

（一）培养教师与学生使用线上教学系统的能力与习惯

高校体育线上线下混合式教学过程中，线上教学平台是重要教学媒介，教师在教学过程中需要不断学习并掌握其教学功能与管理功能，同时学生在学习过程中也会逐渐熟悉线上教学的模式，能够充分发挥其在自主学习、回顾学习、拓展学习与讨论学习的功能。教师与学生对于线上教学系统的掌握是实现线上线下混合式体育教学的技能基础，这也成为风险时期从常规教学向非常规化教学转变的缓冲带。对于学生来说，混合式教学模式可以增强学生对于线上体育教学接纳程度，在运动能力的学习方面，通过线下体育教学来提高学生对于运动动作的三维想象能力，以提高接受视图信息的效率；在运动品德的学习方面，学生通过线上练习，来增强学生对于情景模拟的想象力，以提高学生对于教学情境的沉浸感；在健康行为的学习方面，通过培养学生的线上课程总结能力，来提高学生对学习内容的接收效率。对于教师来说，教师通过不断归纳总结混合式教学过程中的经验，同时接受线上体育教学的培训，可以使教师的线上体育教学能力有着极大地提升。

（二）加强应急性线上教学方案的建设

由于体育学科的特殊性，高校体育课程是无法只由线上教学完成的，所以在线上体育教学过程中，教学质量的降低是无法避免的，所以需要设计教学方案时，要充分评估课程内容与考虑现实条件，来设计应急教学方案，以此来把线上体育教学对教学质量的影响降到最低，为学生提供高质量的学生体育课程。

首先是教学目标的拟定，运动能力的学习需要适当减低难度，增加每一次练习的教学时间，使学生有充足的时间来消化所学内容，在此基础上充分考虑学生所处的环境与能够使用的器械，避免课程中出现学生无法完成的学习内容；对于运动品德的学习，应偏重对于体育文化、运动规则、体育道德与体育行为准则等课程内容，这些内容的共同点是便于用抽象的语言或视图信息传递信息的方式教授，同时需要减少需要学生身体互动的课程内容；对于健康行为的学习，应当增加注重理论知识的课程内容，例如运动补水、合理膳食、健康作息等知识。

其次是教学内容的设计，教学内容的设计应当对于正常的课程内容进行调整，增加体育理论学习的比重，减少实践、体验的课程内容；同时需要充分考虑学生的实际情况，避免课程中出现学生无法完成的学习内容，要合理规划身体素质练习，尽量采用原地可以完成的动作，例如立卧撑、仰卧起坐、俯卧撑等，便于通过实时视频或是录像来对学生的完成情况进行监督。

最后是教学评价标准的建立，一方面是对于教师的教学评价，应当加强与学生的沟通，实时关教师在线上教学中所遇到的问题；另一方面是对于学生的教学评价，应当加大平时课堂表现的成绩与课后作业完成情况在课程成绩的占比，并根据课程类型，对于期末测评的方式作出适当调整，适当加大体育品德与健康行为的分数占比，同时适当降低运动能力的评测难度以此来实现公平评价的目的。

第五章 高校体育教学的评价体系

第一节 体育教学评价

一、体育教学评价的特征

教学评价理论在体育领域中的实践应用就是体育教学评价。体育教学评价就是对体育教学活动动态的全过程进行的评价，它是整个体育教学活动中的必要环节，构成有效整体的有机部分。体育教学评价具有判断和调控功能，通过对信息的判定和反馈对体育教学活动各环节进行及时有效的调控，保证教学活动实现体育教学目标的功能。体育教学评价是指根据体育教育目标，运用教学评价理论及评价方法，科学系统地对体育教学相关信息进行搜集和处理，对教学活动过程及教学成果等进行客观描述及价值判断的过程。科学全面的体育教学评价会激发教师和学生的能动性，促进教师教学水平和质量的提高，促进学生体育学习的进步，推进学校体育教学的发展，进而实现体育教学价值的增值目的。体育教学评价不仅对体育教学管理和决策具有重要的作用，而且对体育教育事业的发展和改革也起着至关重要的作用。

（一）体育教学评价具有决策性

体育教学评价作为教学评价在具体学科中的应用，同样具有教学评价所呈现的功能，也就是具有导向功能、协调功能、激励功能以及控制功能等特性。总结起来，体育教学评价的决策性主要体现在基于各种信息搜集的基础上，对教学现状与教学目标完成程度进行的综合评判基础上，对教学活动进行的决策。如体育教师可以根据对教学评价后反馈的信息，做出对教学形式、方法进行调整及改进的较为准确的决策，确保体育教学实现预期目标，达到最佳效果，促进教师提高教学水平，增强体育意识。学生能够根据教学评价的反馈信息，做出对自己的学习方法、体育成绩及教学方式方法的感受等方面更为合理有效的决策，从而增强学生的身心素质。

（二）体育教学评价具有客观性

体育教学评价的终极目的在于展现体育教育的真正价值，增强教师和学生的体育精神。因此，体育教学评价指标一定要遵循客观性的准则，才能达到有效的评价结果。因此，该指标体系的构建过程中，要遵循全面性原则、预测性原则及具体性原则。体育教学评价指标既要全面地反映体育教学活动的状态及其效果，还要具体而明确地反映某一环节的运行状况。同时，也要保障体育教学评价过程的客观性，通过实施测量或较客观的评价方法确保评价中各环节的精确化，从而客观地进行评价。

（三）体育教学评价具有有序性

体育教学评价过程不是随意展开的，而是按照一定的程度施展的，也就是具有有序性，即依次经过评价的计划、评价的实施、评价的检查以及评价的总结四个阶段。体育教学评价的计划阶段就是要做好评价方案，系统合理的评价方案是评价工作的依据，能够有效的反映评价工作的决策。体育教学评价的实施阶段就是要开展具体的组织活动，对教学评价的相关信息进行搜集和整理。体育教学评价的检查阶段就是对方案执行状况进行监测，及时调整评价目标的行为，促进评价工作顺利开展。体育教学评价的总结阶段就是要根据对评价信息的衡量和反映，提出体育教学评价的结论。

（四）体育教学评价具有即时性

体育教学评价在实施过程中，呈现出即时性的特征，这体现在贯穿体育教学的整个过程中，能够实时地关注并评判体育教师和学生的状态及他们的行为。体育教师的教学行为通过外显性影响着学生的体育学习行为及状态，而学生的体育学习行为通过其自身的外显性和即时性，将学生的状况及时地反馈给体育教师。即时性有利于教师和学生及时地了解对方的情况，有利于影响教师和学生的良性评价，从而促进体育教学评价发挥其激励的作用。

二、体育教学评价的标准

体育教学是具有高质、高效的课堂教学活动，是教师努力攀登的高水平的教学境界。评价基准是进行体育课程教学评价的重要部分，体育教学评价基准要能够准确地反映出体育课程的价值、多元的价值取向和体育课程教学的规律。

（一）因材施教

先秦时期的孔子就已倡导"因材施教"原则，重视和尊重不同学生的个体差异。其理论依据与夸美纽斯的区别对待原则本质上是一致的，但因材施教偏向于教育理论，区别对待更加偏向人体的运动训练领域。"一刀切"的教学方式不仅不符合课程改革所提出的"使每个学生在原有基础上得到最大限度发展"的要求，而且违背了因材施教的教学原则。"一刀切"是教师在面对个体差异的学生进行教学时采用相同的技术动作、运动条件、运动课题。因材施教则与其相反，技术动作、运动条件、运动课题表现出差异性，这些差异性是依据学生个体的差异进行设计的。体育课程教学应真正满足每位学生的发展，而不能"一刀切"。因材施教是对学生主体地位的肯定，充分体现出学生的个性化，尊重学生个体的差异性。在对体育课程进行教学评价时，评价主体仍然可以从各自的立场和观点出发，提出意见和建议，但是教学是否是以因材施教为依据进行设计和实施体育课程，则应是评价体育教学必须坚守的基准底线。

（二）全员参与

体育教学提倡合作学习，教育者、被教育者共同参与体育课程教学中，教师是体育课程教学的主导，学生是体育课程教学的主体，分别对应教与学两个层面。在体育教学中，实现全员参与就要统筹个人的学习目标与集体学习目标相结合，完成个人目标的同时也是完成集体目标。教师积极引导学生扮演不同的角色，如裁判、运动员、啦啦队等转换体验式学习，教师和学生共同参与体育课程教学实践中，而不是教师、运动成绩好的学生的主场。根据学生的特点和兴趣合理地分配活动中的角色，使得学生和教师在合作探究性学习和转换体验式学习的过程中获得更多的体育知识和运动技能。

（三）共同进步

体育教学的评价要取消具有甄别功能的评价，重视过程性评价，包括教学过程中每位学生学习的进步性和教学本身实施的过程。特别是对义务教育阶段学生，体育课程的目的不应属于应试教育的范畴，应试的体育课程或者是说甄别性的体育课程评价是不利于终身体育的形成的。影响学生终身体育有两个因素，即终身体育观和运动技能，两者强调了学生通过学习内化的状态。在体育课程教学的过程中，学生通过运动技术的学习，感受到的是乐趣、成功，而不是沮丧和一直失败，良好的运动体验才是激发学生学习兴趣和坚持终身运动的主要原因。所以在加工运动教材、设计教学方法和教学实施过程中，都要考虑到每位学生的进步，使每位学生通过自身的努力都能够获得高分和完成学习目标，体验到学习的成就感和快乐，而不会因过大的压力导致学生焦虑或成绩低下，产生对学习的逆反心理。

（四）全面发展

关于人全面发展的学说是我国社会主义教育理论的基础，人的全面发展包括人的"体力、智力、心理、人格、观念、能力"等各方面因素的全面发展。这也是我国基础教育培养目标的主要依据，也是体育课程教学制定目标的主要依据。但是，从目前所构建的体育课程评价体系的理论依据、评价内容和评价方法来看，仍然一直为应试教育服务。应试教育下的课程评价注重实用性和功利性。这种评价舍去了人格、观念、智力等多方面的发展，淡化了人的全面发展，使人的发展范围局限在特定的领域中，造成了"片面发展"。因此，需要重构体育课程评价，其评价基准不仅要考查学生所掌握的运动技术（技能）、体质健康内容，更要注重学生个性、态度、智力、道德、观念等潜在素质的培养，特别是独立思考能力，创新能力、探索精神等潜在能力。

（五）推陈出新

运动文化的创新功能是运动文化传承的价值所在，是吸取前人文化的精华、弃其糟粕，推陈出新。对运动文化的创新，也是保持体育课程长久立足于学校课程教育中的根本原因。创新也是贯穿整个体育课程教学的主要元素，体育课程教学的艺术也就蕴藏在立足于现在，以批判性、独立自主的思维对前人运动文化的融合和拓展。如在传统体育教学中非常强调的队列训练和常规的教学方法等，在体育教学中仍然可以采用，但是为了提高体育课程教学质量，必须对教学内容的选用、教学组织的形式、运动教材的选择与加工、场地设施的利用等多方面进行合理、优化处理，才能引起学生的学习兴趣，让学生在体育课程学习中感受到有趣、快乐，激发学生的学习激情和兴趣，才是体育课程可持续发展的价值所在。

第二节 大数据应用背景下高校体育教学评价体系

一、探索构建高校体育教学评价主体框架

评价按主体可分为两类：一是自我评价，二是他人评价。影响教学评价的因素有很多，但主要因素是"教"和"学"，"教"指体育教师的教学情况；"学"指学生的学习情况。因此，我们在构建高校体育教学评价系统时，应该认识到不同的评价主体具有不同的作用，通过评价指标和指标权重来明确主体间的共性与个性。在本研究中，我们选择的评价主体有 4 个，即体育教师、学生、教师同行和体育教学主管部门人员。具体框架如图 5-1 所示。

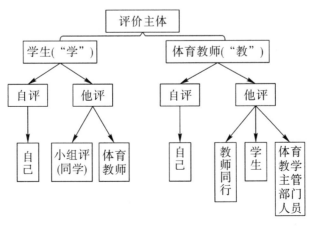

图 5-1 体育教学评价主体框架

（一）对学生的体育教学评价活动

1. 学生的自评活动

学生自我评价是指学生对自我学习质量的一种认识，即学生对学习过程的一种自我认识，自评有助于学生自我了解学习过程中的问题，从而改进自我的学习方法，进而提高学习质量。学生根据评价指标进行自我检查、总结与评价，从而认清自己的优缺点，在以后的学习过程中充分发挥主观能动性，促进自身的学习的进步。

2. 小组（同学）的评价活动

小组评价就是将班级学生平均的分组，小组成员采取一对一的评价方式按照指标进行评价。这样不但能更好地激发学生之间体育学习的积极性，同学之间相互促进学习，而且能借鉴他人的体育学习方法，改进自己的学习方法，所以采取组评的形式能更多地收集学生在体育学习过程中发展、变化和进步的资料。

3. 体育教师的评价活动

在对学生进行体育教学评价的活动中，体育教师是评价的主体，而学生是评价的客体，体育教师对学生的评价是最真实、直接的和最有说服力的。学生的体育学习情况如何，最有发言权的是体育教师，所以在对学生进行体育教学评价时，体育教师的评价是主要组成部分。本研究中，体育教师可以登录教师系统对所代课班级的学生进行体育教学评价。

（二）对体育教师的教学评价活动

1. 体育教师的自评活动

体育教师自我评价是指体育教师对自我教学质量的一种认识，是教学质量评价的基本方式。体育教师进行自我评价，可以清楚地认识到自我在体育教学过程中的不足，从而自我改进。体育教师登录教师系统对自己的上课情况进行自我评价。

2. 学生的评价活动

学生和体育教师是体育教学成败的直接联系人，学生对体育教师的评价是最有说服力的，所以不能忽视学生的评价活动。在学生评价时，我们要清楚学生是主体而体育教师是客体，学生作为主体主动作用于教师。

3. 同行评价活动

同行评价是同行体育教师对体育教师的教学质量一种认识，在评价过程中，同行体育教师是主体，而被评价的体育教师是客体。在同行评价时，同行教师不能凭借主观经验去评价，更不能以个人感情等非教学因素去评价，从而忽视了具体的体育教学课堂调查。同行体育教师可以以旁听的方式对体育教师进行体育教学评价。

4. 体育教学主管部门人员评价活动

体育教学主管部门人员熟知体育教学内容和目标，能直接掌握体育教师的第一手资料，因此他们的评价具有权威性。体育教学主管部门人员对体育教师的上课情况可以采取抽查、旁听的方式进行评价。

二、探索构建高校体育教学评价指标体系框架

高校体育教学评价的指标就是指体育教学评价的内容，大数据应用背景下，高校体育教学评价指标体系应形成相应的层次结构。在体育教学评价中包括评价目标层、准则层、子准则层，本研究评价指标体系由体育教师教学评价指标体系和学生体育教学评价指标体系组成，如图 5-2 和图 5-3 所示。

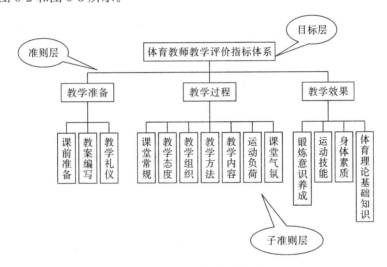

图 5-2　体育教师教学评价指标体系框架

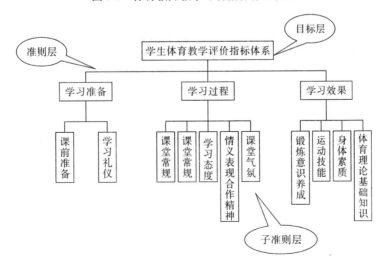

图 5-3　学生体育教学评价指标体系框架

三、探索构建高校体育教学评价流程

根据目前高校教学评价实施现状分析，在大数据应用背景下设计了高校体育教学评价的流程，主体用户分别是教学管理者、教师、学生三类，评价流程大概包括数据收集、数据分析、评价结果输出和结果反馈等环节，具体流程如图 5-4 所示。

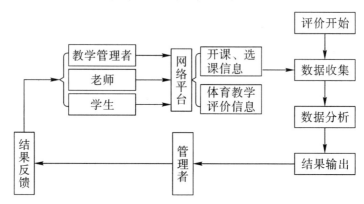

图 5-4　高校体育教学评价流程

（一）数据的收集

数据采集是在新建好一个项目以后，根据项目类别、已规定评价方法等，最后录入评价数据。在本研究中，领导、体育教师和学生从网络平台录入体育教学评价数据，同时可以有添加、修改、删除等操作功能。主要收集的数据是体育教师的基本信息（姓名、教龄、性别等）、学生的基本信息（姓名、性别、学号、年级、专业等）以及领导、教师和学生的体育教学评价信息，按照统一的格式存入到数据库，数据库及时保存录入的评价数据，以确保后期评价分析顺利进行。

（二）数据的处理分析

大数据应用背景下，高校体育教学评价过程中所收集的数据我们可以应用大数据相关技术进行处理，将大数据相关技术运用到体育教学评价中，可以将采集到的数据进行整合分析，深度挖掘并获取大量的信息，使评价结果较为科学、客观，具有一定的应用价值。

大数据中通常采用数据挖掘的方法来处理数据，而且数据挖掘中包含了许多算法，例如决策树分类器 C4.5，K－均值算法、支持向量机、Apriori 算法、最大期望估计算法、PagePank 算法、AdaBoost 算法、K 最近邻分类算法、朴素贝叶斯算法、分类与回归树算法等。我们在体育教学评价过程中，数据挖掘过程可以概括为数据准备、数据挖掘以及结果分析这三个阶段。

（三）结果输出及反馈

评价结束之后还有必不可少的一环，即反馈环节，没有反馈环节的评价是不完整的。

体育评价要通过最后的反馈来发挥作用，体育教学评价缺少反馈，就会失去应有的意义和作用。高校体育教学评价可利用大数据时代网络的便利、移动智能终端的普及，通过网上反馈的方式及时反馈给教学管理者、体育教师以及学生，提高反馈效果，以达到体育教学评价的目的。

第六章　高校体育教学的新发展

第一节　高校体育教学体育文化的新发展

一、体育文化建设对高校体育教学的作用

（一）营造高校体育教学的良好氛围

校园体育文化是滋养高校体育发展的土壤，是体育教学的营养来源。校园体育文化的丰富性和趣味性有利于使体育活动成为学生的大众文化活动，也能促进学生潜能、能力和文化素养的发展，担负着把学生从"自然人"转变为"社会人"的重要任务。高校体育文化生活为构建和丰富学生的精神世界提供了广阔的舞台。公平、团结、自强、自信的健康精神和体育文化的传播，以其独特的魅力对学生的课堂和课外生活产生影响。

校园体育文化以无声无息、无踪无影的方式影响着师生的心理，进而影响体育教学的方式和效果。它是潜移默化、有暗示性和渗透性作用的。一方面，它以教师教、学生学的课堂教育形式为学生们学习体育知识、技术和技能提供了良好的、浓厚的外部氛围。通过切实可感的体育运动、严密有效的体育规则、规范的体育动作以及结合生命科学产生的体育指导，使参与者感受到体育运动给身体带来的无限变化，从而从内心深处接受校园体育文化的引导和熏陶，并逐渐内化为自身的潜意识的言行；另一方面，校园内的体育文化通过课余的体育活动对改善校园人的知识结构、促进身心健康发展起着不可估量的作用。体育文化自身的特点往往能够营造一种亲密无间、彼此信任的心理气氛，达到一种以集体荣誉为共同目标的价值取向，形成共同的道德标准和团队的统一信念，因此，在体育文化的氛围和为共同目标努力奋斗的激励效应下，教师和学生会自觉地产生集体荣誉感，并形成强烈的责任感和使命感，任何人都会为了达到目标贡献一己之力，并在体育教学过程中由于集体的力量、公正平等的精神，产生激励和进取向上的教育力量，让师生们在达成体育教学的目标的同时，感受和发扬人文精神，在追求真知的道路上勇敢探索。

（二）培养高校体育教学中学生的主体意识

当今时代要求高校培养出全方位发展的、富有自主精神的、具有创造力的人才，高等

教育要在培养学生的主体意识方面做出更大的努力。主体主要是指对象性活动的承担者和发起人，而客体是对象性活动的受动者和接受者。学生的主体意识是指在教育活动中，学生应该在教师的引导下完成任务并发挥作用，具体表现为自主性、能动性和创造性。学生的主体意识的发挥是教育的核心，是素质教育的基本要求。高校大学生在教学活动中的自主性首先表现在应该具有独立的、不轻易受他人影响的、坚定的自我意识，并且通过教师的启发和引导，能够自主探索提升自身能力的途径；另外，大学生在接受教育的过程中，应该充分认识到自身的能力，对学习活动进行自我调节和控制，充分发挥自身潜力和主观能动性。

高校体育教学的中心目的是增强学生体质，促进学生身心健康发展。只靠体育教学的实践来达到这一目标是不可能实现的，因此，我们必须依靠校园体育文化的传播和熏陶来提高他们的认知水平，增强体育锻炼和体育技术技能训练的基本意识，培养自主和独立学习的能力，最终让学生养成终身体育意识的良好习惯。

体育文化建设的过程本身包含着许多激发学生的体育兴趣，培养学生参与体育锻炼的自觉性的活动。体育文化建设常常采用竞赛的方式，鼓励学生主动参与。体育竞赛作为体育教学中非常常用的教学方式，是强化和提高学生主体性的体育意识最具活力、参与范围极广且广受学生们欢迎的方式，它能快速有效地激发学生群体的上进心、竞争意识和集体荣誉感，让学生发挥自我能动性赢得比赛，还能培养学生的集体主义思想观念，在争取集体荣誉时收获个人荣誉。如在冬季体育教学中，可组织不同范围的拔河比赛，小范围的组与组之间、大范围的班与班之间，以吸引学生积极参与，且随着现代体育运动的多样化，在组织这类活动中，还有学生可以负责啦啦操评比，使其他学生在参与和观看比赛过程中，充满乐趣性和参与感，大家一起出谋划策，为赢得比赛贡献力量。同时，体育文化建设鼓励多样化、丰富化的体育教学活动，这也能极大地促进学生主体性的发挥。如在体育课程的设置中，既要有满足男生喜好竞赛性强的项目，如足球、篮球；也要设置如体育舞蹈、体操或是羽毛球等课程，以满足女生的喜好，这就充分尊重了学生主体意识。此外，体育文化建设还要鼓励体育教学以多种方式、新颖的手段展开，从而挖掘学生的运动潜力。体育文化建设推动着教师在教学中采取各种措施以满足学生独特的、根据自身特质产生的合理要求，从而增强体育学习的兴趣，充分发挥他们的主体地位。

（三）充实高校体育教学的内容和形式

高校的体育文化建设需要丰富多彩、类型多样的体育活动作为支撑，如运动会、体育节、社团建设等。改善了其他教学模式和传统的体育教学模式中单一、枯燥的特点。这些新颖多样的校园体育文化活动，调节了紧张的学习压力，丰富了学生的校园生活，在学生的校园生活中充当着增色剂的角色。

在全面建设体育文化的背景下，体育教学任务的开展要求各高校以体育专业内涵发展为主线，应结合社会对人才培养的需求，搭建综合性的知识结构合理化的课程体系。新时代的体育教学课程提出了许多高要求，如通过创新教学方法、鼓励教师从事相关教学研究工作，使学生的探索意识、创新意识和能力在多元化的教学方式中得以激发和挖掘。另外，教学的组织模式也可以综合创新，如小群体教学法、互动式教学法及合作教学模式等方法的发展及结合。在理论知识的体育教学中，可以采用统一的上课方式加上多媒体教学，给学生以生动、直观的印象；在体育技能课中可以穿插理论教学，在实际实践过程中切实运用理论知识。体育文化的有效建设要求体育教学的内容和形式具有良好的口碑和传播效应，要满足广泛传播，体育教学就要将教学地点从校内延伸到校外，将人才培养与学科专业特色发展相结合、将统一的要求与个性发展相结合，能够探索出宽口径的创新型人才培养模式，实现人才培养的个性强化，同时又能够有效适应社会。

高校体育教学的形式越多，必然会引起学生的兴趣，增加学生的参与程度，激发学生的创造力。现代社会文化事业繁荣发展，不少学生都会在课外选择到健身房、舞蹈室或是其他类型的体育运动工作室参加体育锻炼，因为课外的体育活动往往更具趣味性和多样性。这说明在体育文化繁荣发展的今天，高校的体育教学的形式也应该更加贴近学生的实际需求，更加反映学生多样化的需求，才能不被课外的、具有商业性质的体育活动所取代。因此，在建设体育文化口号的大力倡导下，不仅是出于文化建设的主体性地位，更出于被动面临竞争的紧迫性，为了提高参与的广泛性、增强体育教学的效果，学校应该努力建设更多的诸如体育俱乐部、体育社团、体育文化节等具有活力的体育文化形式。

(四) 保障高校体育教学组织的稳定性

从科学认知的角度分析，教师和学生应该以科学的、追求卓越的、锤炼品质的精神踏踏实实、静下心来去探究事物内在的规律，而稳定的高校教学环境就是保证师生静下心来的外部条件。

稳定性是确保教学活动顺利开展的重要前提和保障。体育知识的传授和学习、体育思想的宣扬和传承都要以稳定的体育教学活动为根基。离开了稳定的、安全的、规律性的体育教学活动，一切都是空谈。如果缺乏稳定的秩序作为保障，缺乏纪律性和组织性，那么再丰富多彩的体育教学活动都会变成一场闹剧，学生们无法在体育活动中学习到知识，也无法感受到体育活动对精神的磨砺和提升，更无法保障体育活动的完整性和系统性，无法达成体育教学的目标，并且没有组织性、稳定性和持续性的体育教学活动是对资源的浪费。体育文化建设在这个时候凸显了自身的优点，它可以弥补这个不足。积极的、浓厚的、强烈的体育文化氛围会在无形中指引着学生主动、持续性地参与体育教学活动，与体育教师以高水平、高参与率、高收获的方式共同完成教学目标，对体育教学的持续性、稳定性开展提供了极大帮助。

二、高校体育教学中体育文化建设的改进路径

(一) 高校体育教学中体育物质文化建设改进路径

学校的物质文化建设是整个校园体育文化建设的基础。随着学校办学规模的扩大以及新时代高校体育教学的多元化需求，校园体育的功能和作用也开始向多元化方向发展，这必然要求学校的体育馆、体育设施、体育器材等适应体育文化的多功能需求。但是随着现代设施功能的开发和利用层次不断地提高，也给管理、使用、维护和开发带来了新问题，因此，加强体育设施的管理、利用和维护，使其能更大程度地发挥功效与作用是高校体育教学物质文化建设的必由之路。

1. 加强体育设施在体育教学过程中教育导向和文化传播功能

一方面，学校的体育器材设施是学生可以自主使用的物质文化，学校可以通过一定的体育设施教育，为学生自主锻炼提供安全、科学的保障。例如，在每个体育设施旁边设立一个"提示牌"，包括活动名称、使用方法、身体发育的技能和质量、使用中的注意事项、评估标准和示意图等，以便学生有目的、有指导地使用体育器材，形成系统的体育器材知识，提高体育文化素养。此外，体育场旁还可以设置一些国际知名的体育雕塑，增加名人简介和荣誉称号，为学生营造浓厚而高尚的体育氛围。

另一方面，在体育教学过程中，体育教师应该在使用物质设施之前对所运用到的设施、器材进行系统讲解，帮助学生树立系统化的体育思维，而非仅仅专注于运动训练。通过强化对物质设施的关注和学习，学生可以感受到学校、教学以及教师对于体育事业的热爱和认真的态度，能够将体育意识和感悟物化到体育设施上。对具象化的体育设施的学习和关注，有助于学生进一步加深对体育文化的感悟，更好地通过物质设施传播体育文化和体育精神。

2. 强化设计体育人文景观，提升体育物质文化品味

随着高校招生人数的增加，教学所用的基础设施建设力度加大，教学环境得到了很大的改善，但是在物质文化环境的构建中，除了所用设备、器材以及教学环境，还应该包括整体构建的人文景观。在校园内适当挖掘体现高校体育文化特色的人文景观，能够代表一所学校独特的精神风貌和希望传递的价值观，形成具有学校特色的文化氛围，也大大丰富了高校的体育物质文化，达到对学生潜移默化的作用。每所高校的办学历史、办学理念、办学区域、办学方式不尽相同，传统的校园文化和时尚体育文化的影响程度也不同，具有特色的体育文化最直观的体现就是学校的体育场馆构建、布局以及体育雕塑等综合起来的体育人文景观的建设。

高校体育人文景观的建设是提高高校体育文化品位的基础，是高校体育文化的外在标志，对于形成良好的校园体育课堂氛围具有积极的宣传作用。校园内的每一处体育雕塑都象征着体育精神，活跃着体育氛围，激发着体育热情。

3. 创新体育教学中对空间和设备的利用

作为校园内具有强烈象征意义的体育建筑、雕塑或体育场馆，其自身的建设和展示形式是一种文化现象。通过具体的形式，它们已经成为体育意识和体育文化的现实载体，这些文化现象代表着人们的思想和凝聚的智慧，体现着人们的价值观，对人们产生了潜移默化的影响。因此，在体育教学过程中，应充分利用学校的空间，合理安排体育场地，因地制宜地开展体育文化活动、修建场地、增加器材。体育教学场馆应科学、周密、整洁、明亮。除了传统的体育场馆外，我们还应该增加对新兴空间的利用，如体育展览室、体育宣传窗口和校园体育网络。

体育教师还应该带领学生创造性地对现有体育设施进行多功能的开发。如体育设施在设计时，通常只服务于一到两种主要功能，但是许多体育运动和技能训练的设计都是紧密联系的，应该通过转换视角和发挥联想，挖掘体育设施的多种功能。体育教师在教学过程中通过创新教法，既可以达到合理开发和利用场地空间以及设施的效果，还能够激发学生的学习兴趣，调动学生的学习积极性，满足不同层次学生的需求。

创造性地使用体育教学设备在新时代下的集中体现是结合以计算机为核心的信息技术，使教学方法变得易于操作和展示，更加生动、科学和全面地展示教学内容，让学生们更易于接受。例如在体育教学中，许多动作具有连贯性，这给教师进行讲解和示范带来了难度，通过利用信息技术可以通过慢放、重放等方式讲解这些复杂的动作，减轻了教师重复多次示范而学生仍不得要领的尴尬境地。许多技术动作的完成需要学生对各自身体的肌肉群的了解和感悟，慢慢带动练习，通过运用多媒体技术，教师能够一边播放肌肉解剖图，一边对学生的动作进行实际指导。

此外，在全球化的驱动下，通过网络互动教学，我们可以更准确地了解国内外体育教学的动态和现状，并将各种体育视听资料和图形资料及时展示在学生面前。体育自身的发展决定了许多更新的内容需要数字化动态演示教学，这是传统教学模式无法完成的，需要网络教育在体育教学中的有力补充。再者，体育教师应该紧跟社会新现象，并充分利用社会资源补充体育教学，如共享单车的出现，即可被体育教师运用到课堂中进行身体素质训练等内容。

（二）高校体育教学中体育精神文化建设改进路径

1. 强化学生在体育教学和体育精神文化建设中的主体地位

目前我国高校体育教学仍然以体育教师为主，学生扮演着参与者和学习者的角色，但是，体育精神文化建设的主体却是高校学生。因此，体育教学主体和体育精神文化建设的主体实际上是分离的，只有将体育教学和精神文化建设的主体统一起来，才能够更加有效地促进两者的结合。

在体育教学过程中，可以通过各种各样的形式促进学生成为活动的主体。如现代社区，拥有多彩的体育活动，学校可通过加强与社区的联系，举办以学生为主体的、服务社区的体育活动；如将体育教学的课堂搬到社区去，由学生充当社区里的体育教师，对社区里的体育运动和比赛进行专业的指导和培训，这对学生更好地理解体育知识、提升自身体育技术和组织指导能力来说无疑是难得的机会。此外，教师可创造性地设计体育课程内容来发挥和强化学生们在体育教学过程中的主体地位。例如，以游戏的形式开展体育教学，如分组开设健身房，让学生们充当健身教练，获得最多学员的健身房获胜。在此过程中，学生们会在非体育课堂时间，每人选择一个项目，并进行设计和多次排练，并在课堂有限的时间内表演或完成不同体育项目的技术动作来吸引学员。教师通过创新性地对课堂内容进行设计，不仅能够发挥学生们的主体作用，还能让学生在体育课程之外进行体育活动，让校园充满浓厚的体育氛围。

2. 强化体育教学中对特色体育文化的建设

由于我国地域宽广，不同地区之间的人们往往具有不同的传统体育习俗和方式，不同地域的人们也会形成不同的体育观念和兴趣爱好。因此在体育教学过程中，教师既要遵循国家规定的要求，又要根据不同地区学生的身体特点、习惯、兴趣爱好和体育物质文化等，进行有特色的精神文化建设。

此外，不同的学校应该根据不同的文化传统进行体育教学。学生的兴趣爱好和习惯多与该学校较为优势的项目或是体育文化背景有关，体育教学应该加强这些方面的培养。因为这些优势项目往往会吸引更多的学生，且加大对优势项目的投入能够将这些项目打造成学校的象征，这样不仅有利于培养学生的自豪感，还能够吸引更多的外部支持，比如政府的投资等。围绕体育文化背景进行体育教学活动的强化，突出传统体育文化的建设，不仅能增强学生参与到体育教学过程的积极性和投入度，还能弘扬地区的体育文化传统。

3. 延伸体育教学为体育精神文化建设提供的平台

目前体育竞赛、体育知识讲座、体育文化节等活动已成为高校体育教学除课堂授课以外的重要形式，我国许多高校已实现了体育教学形式的丰富化和手段的多样化。尽管高校体育教学在体育精神文化方面取得了长足的发展和进步，但是，高校体育教学活动仍需结合时代的脚步，不断地发展和创新。

除了传统授课的方式，定期举办的体育知识讲座和体育竞赛也成了体育教学采用的重要形式。这种形式所涉及的内容广泛，包括体育和健康、科学与体育、运动与损伤等。并且，许多高校还定期聘请校外知名体育专家或是有建树的运动员到学校给学生授课和讲座，提高学生对体育的兴趣，并提高学生的反应能力和竞争意识。除此之外，学校应该具有能动性地发挥主导作用，联合社会、家庭为体育精神文化建设提供更加广阔的服务平台，例如在高校的体育教学过程中，还可以创造性地借鉴中小学体育比赛的形式，举行亲子运动会和体育竞赛，邀请学生们的家长来参与大学生运动会。通过大学生亲子运动会，拉近大学生与父母的距离，家长不仅能够亲自感受校园的体育文化建设，而且能够充当校园体育文化建设的有效传播者，在提升学校的声誉和口碑方面也起着一定的作用，这种学校与家庭联合起来的体育教学形式也是促进高校体育精神文化发展和弘扬的新窗口。

第二节　互联网体育教学平台策略研究

一、优化高校体育线上教学资源必要性及特点

（一）高校整合线上体育教学资源存在问题

目前可供我国高校整合利用的线下体育教学资源主要为体育学科传统知识体系与内容、各高校体育类课题研发成果、实际课堂教学案例与经验；可整合利用的线上开放型教学资源主要分为网络公开课、精品资源共享课和慕课三个大类。除了以上各主流平台，各高校对本校官方网络主页的建设，也涉及或多或少的网络体育资源整理与上传，在该种整合方式下的资源形式则主要以本校教师与学者的期刊、学术动态、科研成果等文字内容为主。

（二）必要性解析

"互联网＋"时代的到来使利用现代网络技术改造优化教学成为可能，高校大学生的日常学习手段、知识获取习惯及解决问题方法正逐渐趋向网络化，这也表明教学信息化改革的条件和时机更加成熟。优质体育教学资源在网络共享的支持下才能发展得更远，现代教学理念更不能脱离了网络环境，先进教学规律一定要跟上时代的步伐、适应时代的特征。所以教学改革的重点逐渐指向革新效能相较低下的传统教学模式，目的则是优化教学效果，培养学生的自主学习、自我思考及创新能力。以慕课为代表的在线教育学习课程现已经在国内高等教育领域引起了广泛关注，这样的网络教学形式能够实现对教学内容的重

构，那么以"中国大学慕课"等为代表的主流在线教育平台作为慕课的载体，则能辅助促进高校开展基于互联网的线上线下混合式教学，实现传统课堂教学模式上的积极转变，为推动更广泛、更深层次的网络与教育教学融合带来革新力量。

高校体育专业的学生更多是体育师范生，当然无论是师范生还是非师范生，其专业化发展均是基于理论知识储备、实践运动技能的提升，同时根据体育师范生的学习特点、职业特征和课堂教学的实际需要，利用网络技术、在线教育等手段措施可以最大限度模拟展示未来工作岗位可能遇到的实践操作性、技术技能性等教学问题，可以极大激发学生自我思考和教学责任意识，提高课堂教学质量与教师的现代职业素养。

（三）平台在线教育特点

1. 主流平台保障使用体验及教学资源质量

以"中国大学慕课"为代表的在线教育平台本质上是网站，提供在线学习的网络环境，区别于高校或政府主建的官方网络主页以及精品课程网站等，社会企业建立的这类商业性平台网站在诸多方面都有着明显的技术优势。这些商业性教育平台在用户体验、技术成熟与稳定性、服务周到性等方面表现都很出色，能够凭借建网经验明晰用户的基本使用需求，尤其能跟上网络迭代更新的步调，能够在有必要的情况下迅速革新重建适应用户新要求和操作习惯的在线运行环境。主流网络教育平台另一个显著特点是能保障其在线教育资源的优良质量。"互联网＋"与在线平台的教育环境可为教育教学提供多种传授方法手段，例如纯文本内容、PPT 课件、静或动态 3D 模型、网络视频课、相关嵌入软件或网站信息导入等。应用这些丰富的教授形式，再结合平台后端对课程知识的细分设计，既便于管理又便于学习者搜索，实现教学效果的升华。

2. 在线学习满足高校大学生们的需求

作为新时代学习者，高校大学生们对计算机和互联网有着浓厚的亲切感甚至依赖感，利用互联网和信息技术辅助学习早已驾轻就熟甚至成为习惯。这一代学习者们更渴求于接触良好的网络学习环境，对使用高效性及便利性也有了更高的要求。纯文字的表达于大部分人而言相对抽象，生动的图文和有趣的动画会更受大学生欢迎，视频配合字幕说明的形式则方便了学子们在不能播放声音的碎片化场景下接收信息。慕课以及网络在线教学平台则正好满足了他们这样的一些需求，所以线上教育也理所应当成为高校教师和教学管理人员的有力选择。因此，结合教育平台和相适应的慕课，将线上教育融合进日常教学则极易为当代学习者适应和喜爱，不会有隔阂存在。

3. 网络为多种学习条件及环境提供可能

基于网络平台的线上学习可以突破传统学习时间和空间的限制、减少师生分散学习行为的认知负荷，如"中国大学慕课"一类的在线教育平台可以避免以"教授"和"输入"为主的传统学习模式弊端，呈现以自主自发学习为主的学习方式，学习者根据自身需求检索知识信息，还能选择性地安排利用自己的时间做线上检测、参加在线考试及搜索课外知识以测评学习效果和拓展学习内容。

在线教育平台还可以为学习者提供共享、交流和互动的条件机会，也可以为社会人员的自主学习搭建桥梁。在这些教育平台中，"中国大学慕课"还能应用大数据技术智能统计分析以向用户提供各种教育类数据，供用户挖掘潜在信息和资源价值，不断改进教学或学习的方式方法。

总而言之，互联网让在线教育平台区别于传统线下面授课堂，日常体育教育结合线上教育的优势较为显著，能让广大体育学习者在更直观、便捷的学习体验中以更为主动的方式学习所需的体育学科知识、掌握体育运动实践技能。

（四）高校体育线上教学资源特点

1. 学生学习时间更充裕

高校体育学科知识内容以及各类体育信息能够让学生更充分理解认知自己的专业，也是学生完成学业必需的知识储备。大多数高校安排的体育课程，在体育锻炼的活动量、运动时间和频率、理论知识学习等方面都存在明显的缺陷与不足，这便可以通过建设和优化高校体育线上教学资源来进行补充。互联网具有承载海量信息的特点，而以上这些内容都可以以数字化讲义及视频等在线信息形式来呈现，能够充分发挥互联网的时效性、使用便捷性，利于学习者变通利用自我时间获取体育必修知识的同时，将体育百科、训练技巧以及体育保健等其他课外内容实现网页信息的有效共享，促使学生进行体育学科理论学习及自主技能学练时，获得更加科学、系统、多元化的指导，也充分弥补由于实体课堂授课内容及时间较少而引发知识量的不足。

2. 教学管理实现双向同步

通常各高校体育课程都有其专属的教学项目类型、进度要求、学习内容及重点、教学目标及考核标准等，这样的体系可以直接反映于授课讲义或者教案中。教师们可以直接通过网络开放授课讲义内容来进行教学，这种共享式教学可以使学习过程效率更高更便捷。并且助学者也可以根据课程的教学进度将适合该学习阶段的优秀课程、教学记录等资源信息，再通过版权许可后直接上传至网络教学平台中，这样既能使得学生快速获得该学习阶段适合的内容资料，又方便了教师进行学生教学管理、避开繁琐的整合资源过程，最终有效地实现教学和管理的同步发展。

3. 具备延展性及可持续性特点

互联网本身具有的海量信息存储性，这意味着互联网也被开发利用为良好的知识储备工具。学生们不但能够通过在线教育获取到当前授课所学信息，同时还能对教学、学习历史信息或行为进行保存并分享，从而真正达到线上体育教学资源在纵向的可持续性发展，也有利于高校体育学科本身的发展和丰富。只要有网络覆盖的地方，人们就可以进行社交，借助网络在线教育资源平台还可以自发形成自网络体育学科学习群体，共同开展体育学习教育活动，逐渐构成网络体育社区，形成体育知识发展与更新的良性循环。

更为详尽、丰富的线上体育教学资源，结合教师的日常体育教学就能真正丰富学生原本的体育课程计划，还能不断拓展学生的体育事业、有效提升其体育锻炼的积极性，凸显出体育线上教学资源的横向延展特点。

二、优化高校体育在线教学资源关键点

（一）具备"互联网思维"

目前在"互联网＋"和教育信息化2.0背景下，互联网信息技术已为教育发展做出了重要贡献，有效提高了各教育类职业、机构组织的综合竞争力。教育领域专业人才在互联网技术方面的培育与提升是建设高校在线教育资源网络体系的核心步骤，解决该核心问题是教育实现全面现代化的关键，当然其实现路径也可以是先有教育专才和网络技术专才的强化沟通与有机合作这个过渡时期，再逐渐培育发展双领域相结合的综合型人才。相对应的高校体育线上教育资源在网络平台中的发展既迫切需要网络网页管理团队在数字信息社会中有先进的计算机网络技术和丰富的信息技术工作经验，也需要专业助学团队具有创新意识和责任意识，能够不断钻精、拓展自身知识领域进行教育资源信息加工整合与壮大专门的人才队伍。

目前高校体育师资队伍的信息技术实际水平与当前建设优化高校体育线上教育资源对其提出的技术应用能力要求之间仍存在较大差距。如何提高专业助学队伍的互联网意识以促进助教师们对信息技术与课程内容的整合创新，并从学生管理、课堂教学、学校发展的实际需求出发，持续激发在线教学资源发展的内在动力，是高校体育在线教学资源建设面临的现实问题。

解决这个问题的前提，即需要整个平台资源建设团队具有充分的互联网意识和强大的"互联网思维"。互联网已经成功改造升级了很多行业，正在蔓延渗透到更多的行业，发挥着其重要的变革作用，逐渐成为生产生活方式革新的时代力量。互联网思维和意识已成为推动当前阶段历史发展的必然条件（体现出一种历史局限性），正是如此，用"互联网＋"理念去解决或改造教学则必然成为一种自然的惯性选择。慕课的出现正是以互联网和计算机技术为主流的信息技术与教学深度融合的结果，具有显著的时代特征。平台本身的研发团队需结合互联网快速、便捷、信息储存量大等各方面优势，对其在优化线上高校体育教

学资源中扮演的角色进行准确定位，明确能用互联网"做什么"，以如何利用"中国大学慕课"这个既成熟又尚待扩充和提高的平台达到什么教学效果，甚至可以思考如何与其他平台达成合作以优化该平台本身的建设。建设团队还必须对互联网的实时动态和媒体信息冲击保持足够的重视和警惕，以维系平台稳定、持续更新的运营状态，保持网页整体的使用活力。

另外除建设团队需要具备这样的思维，也要注意培养强化学习者和助学者这样的思维。像"中国大学慕课"这样的在线资源教育平台既是线下成果的承载物，又是号召、规划线下教学的先驱。线下体育学科知识建设与线上运营推广要达到相匹配相协同的进度。可利用平台现有功能，通过建立线上师生文化社群、加强线下校内宣传等手段，强化师生自主、自愿在平台上学习知识、了解信息及研究成果的主观意愿。要从根本上改变学习者的眼光、规划学习和自主学习的方式，更好地利用平台在线资源辅助达成自我目标；同时需要瓦解助学者思想的桎梏，让他们更加愿意站在发展体育学科知识体系的宏观角度，与广大师生分享自主研发的优秀教学成果。

（二）建设高校体育在线教学资源库

1. 助学者职能

加强体育在线教育资源信息在高校体育教学和科学研究中的渗透力，重点在于提高高校体育教师队伍，也即平台助学团队对教育资源的整合能力和对现代信息技术的应用能力。中心思想是要坚持以信息技术为驱动，找准高校体育教育资源在网络媒体的发展目标与定位，发挥在线教育技术在高校体育教学中的潜力与效用。

为保障学习者在平台的有效学习，平台课程知识库的创建和丰富将是优化线上教学资源的一大重点。术业有专攻，在目前阶段，大部分助学者难以做到既精通本专业学科知识内容又熟悉网络技术的综合型创造人才，所能借鉴的将这两个领域有机融合加以应用的典例与经验目前也较为贫乏，所以他们和专门的网络技术人员的对接则成为重中之重。可以说，平台助学者并不是由单一的学科专才来扮演，而应该由高校体育学科学术人才与平台网络技术专员来共同演绎，在一个共通机制下良好配合、各施其能。

2. 资源库建设原则

高校体育资源的网络信息化建设与优化升级，不是把现有的纸质或模拟教材简单粗暴地转化为网络视频教材，也不是把各种教学电子数据和数字教育资源随意放到网上。相反，要认真考虑学习者体育课程学习和高校体育教师体育课堂教学的实际需要。在资源内容的选择和制作方面，需要根据教学内容进行精心设计和部署，如利用数字建模、视频等功能，在实际的体育课堂上模拟学习和练习特定技术动作的全过程，并根据教学主题和教学模块，组织和呈现该网络教育资源。同时考虑学习者在学习、实践中可能衍生出的不同特点与需求，可据此提供相关拓展阅读材料，为学习者提供一个真正的线上与线下、课内与课外相结合的学习平台。

助学者在整理体育学科知识信息时，应严守学术界知识整合原则，并严格按照统一的标准和格式进行，符合规格的知识、课程体系才便于将其批量上传至学习平台。另外需在知识库的建设过程中应重点明确用户需求，结合实时讯息，根据体育学科知识体系结合热点需求上传、更新知识库，维系专业、实时、优质的知识环境，实现慕课平台有用、好用、耐用的服务属性。

根据用户线上学习及高校体育在线教育资源现状及存在问题，总结出四个资源库建设原则。

以学习者为中心的原则。这一原则关系到资源整合的受众。高校网络体育学习资源的整合应坚持为学习者的发展服务。根据目前高校学习者的特点，重点对学习者的学科专业、学习兴趣和能力培养进行研究，使学习者真正享受到优质的学习资源，得到高质量、多形式的教育。

科学准确安全的原则。这一原则关系到整合网络教学资源的内容和主权。在整合学习资源的过程中，助学团队要坚持对学习者负责的态度，严格审核和控制资源内容，保证课程内容的科学性和准确性。当学习内容涉及外国政治、历史、地理，尤其是人文地理时，更需要严格控制。

目标一致、自用的原则。这一原则关系到整合网络教学资源的目标定位。不同高校在培养目标上存在一定的差异。在整合网络学习资源时，要关注高校的实际情况，考虑不同课程目标的差异。可以通过多种方式，做到"取其精华去其糟粕"，使整合后的网络资源与本校培养目标相一致，努力使学习资源趋于本土化。整合互补原则。这一原则关系到网络教学资源整合类型和层次。不同高校的体育学科层次不同，培养目标和过程也不同，这使得助学团队难以将各种网络学习资源与高校现有课程体系精确整合。因此，高校在整合体育线上教学资源时，应建立适合本校的体育资源分类体系，在提供完善的学习支持服务的基础上，结合线上线下混合学习进行本土化转型，让学生在广泛的优质学习资源中获取知识，同时解决在线教学资源不足、形式和内容等难以满足大多数学习者需求的问题。

（三）明确盈利模式

要想保证平台线上体育教学资源具有高精尖专业质量并持续更新，只对涉及的体育学科学习者、助学者及相关网页维护人员进行精神文化方面的宣传是远远不够的。要保持平台本身及用户群体在线上体育学习中的"活力"需要大量的人力物力支撑，需要宏观、成体系的管理制度以部署和协调平台组织架构和充足的资金以驱动各部门运作，仅有体育工作者意识形态上的意愿，很难在长期维度上达到理想的维系效果；在响应人群方面来说，在各高校内部的宣传所能辐射到的人员范围较小，物资方面也较难调度和协调。此时平台运营商则可与各高校体育线上教学资源研发团队达成协商，考虑联合政府，出台网络教育平台管理政策、人员激励政策、市场投资扶持政策等有关文件，建设与完善网络管理体系，使网络教育领域逐渐走向标准化，为相关体育工作人员争取营运和效益上的闭环；也可考虑联合教育部，根据体育学科的具体要求并结合当下高校体育教学资源库储备情况，下发平台信息更新、更替的指导文件，辅助引领需上传的知识主题方向与量级；再考虑灵活借助市场力量，更新人才需求条件，持续壮大平台的网页设计、技术运营和技术维护等专业性工作团队。

（四）重点保护知识产权

对"中国大学慕课"平台本身的优化而言，是要注重对知识获取权益、学者隐私等方面的管控。平台可通过法令、平台系统信息安全设计、网络监控系统部署、维权宣传等手段规范和约束用户在线行为，净化平台交互环境，坚决维护知识产权；可在平台界面开设监督、举报入口，或为用户维权提供绿色通道，同时予以维权信息反馈者和打击侵权行为者一定的物质或经济奖励。只有平台使用环境的安全可靠和持续稳定才能换来助学者源源不断更新知识信息的动力和学习者良好的应用体验。

三、优化高校体育在线教学资源策略

明确高校主体用户的网络学习现状、需求，且明确建设、优化高校体育线上教学资源的关键点后，为化解以上分析中存在的主要问题、基于"中国大学慕课"现有平台条件下优化高校体育在线教学资源，以实现高校体育在线教育资源价值最大化。在高校体育教学的要求、对平台构成元素的解读以及互联网思维的引导下，对高校体育在线教育资源从建设理念、高校体育线上资源、"中国大学慕课"平台几个角度提出改造和优化建议。

（一）建设理念优化

1. 发挥助学者核心作用

平台助学者的主要扮演人群是高校体育教师、体育学科带头人等相关学术人才，这类教师群体作为教育现代化、信息数字化发展的关键，其互联网素养直接影响到我国网络线上教育的发展水平。我国对教育师资网络信息素养的培育与国外长效性和追踪式的培养相比，较为缺乏具体网络信息能力水平标准和体系的建设，教师在意识角度对互联网、线上教育资源发展重要性的理性认识尚不足、希望提升自身相关素养的主动性和行动力尚不足，导致高校体育网络教育资源和多媒体信息技术难以渗透到体育课堂、学生学习和校园管理中。强化体育教育师资团队即平台助学者的互联网意识是平台体育在线教育资源发展的关键，未来在线资源库的建设应从意识层面增强体育教师对信息技术应用的重要性认识，建立健全体育教育教师互联网技能培养体系，针对体育学科开发专业教师互联网素养测评体系，完善高校在线教学、管理和评价机制，使信息技术手段、互联网教育资源得以与院校日常教学与管理有机融合，逐步丰富信息技术时代发展规划的各个方面。

2. 坚持以学习者为中心

现代科学技术的发展对人类生活、工作方式与环境产生了颠覆性影响。数字信息智能时代激增了学生的互联网意识和媒体素养，也培养了学生必备的信息技术能力。在未来，促进学生提升在线学习素质、适应教育资源线上体系的发展将成为学生素质教育的必然要求。

目前我国在网络体育教学资源的开发与应用中很大程度上忽视了在线体育教学资源、学生原有知识与新获知知识间的内在联系。仅从线下内容信息直接转换为线上内容层面去考虑在线媒体技术对新知识的呈现过于机械性，容易造成将网络媒体技术应用作为线上教育资源发展目标而非手段的局面，不利于解决学生遇到的现实问题和理解在线教育深层作用和意义，难以激发学生自主进行网络学习和了解网络技术和软件的兴趣和积极性。因此，高校体育在线教育资源发展应以满足学生现实需求和未来持续发展需要为主要导向，坚持以平台学习者为本，以学生自我建构与自我内化知识为目标，转变传统教学理念与手段，结合网络媒体的特质和学习内容本身的特征，为学习者提供以网络技术为支撑、突破时空条件的学习环境与机会，帮助其认识信息与网络对个人生活的重要辅助特性，提高其利用网络搜索、浏览、学习与评判信息的频率与能力，由此前提建立起体育在线教育动态学习与交流空间，营造出合作共享型网络教学环境。

3. 鼓励参与主体多元化

在借鉴和学习国内外已有体育线上教育发展经验以在"中国大学慕课"优化我国高校体育在线教育资源的同时，应考虑到不同地区、不同高校的线上资源现实发展情况，立足有针对性的高校教育资源建设实践，坚持创新、独立的建设理念，并勇于应对知识网络数字化变革对高校体育教育带来的挑战，积极对现有体育线上教育体系进行本土化改革。

（二）高校体育线上资源优化

1. 与高校现有体育课程体系充分融合

各高校原线下体育课程资源面向专有接受、学习对象，是在特有的课程体系以及文化环境中逐渐形成并在实践优化中逐渐走向成熟的，因此这些课程能否直接开放、适用于其他高校的学习者则值得深入思考；同时能否直接应用其他高校的优质线上体育教学资源传授予本校体育学科学习者并加以教学效果上的要求，也有待商榷和研究。虽然在提高体育教学质量方面，线上教育资源可以发挥巨大的潜在效用，但在实际应用中只有对学科知识做深入解读并在合法范围内做改造，使其能迎合本校体育课程体系后，才能将这种"潜在"效用转型为"实在"效用。

在建设、优化体育在线教育资源时，高校应建立适合本校的资源分类体系，并对教育资源的更新迭代加以注重。在前文建设优化线上资源的关键章节就已提到，不同高校间的体育培养目标、专业层次不同，高校在整合资源时需要考虑资源的因地制宜、为我所用，以极大地发挥其价值。对此，高校可根据本校体育学科体系在实际发展中对线上教学资源的拓展需求，对照本校教学计划和现开设的专业课程建立新的体育教学资源分类体系，将各类学习资源与本校专业教学分类相结合，方便学习者快速检索，避免学习者在平台学习过程中的迷航现象。高校体育资源的数字化生产不能一蹴而就，上线后也不是一劳永逸的。体育基础技术课程资源中公认的、争议较少的内容，可以少做改动，但仍需根据学习者的学习进度增加补充素材或注意事项等，这类教学内容大多会出现在传统的高校体育面授课堂总结中。另外根据本校最新体育科研成果和发展趋势，还可以实时更新学习训练方法和运动注意事项等拓展知识，不断丰富体育在线资源库。总之，平台助学者始终需要应用迭代思维，不断开发和创新高校体育线上教育资源这一"产品"，还应保持动态的更新，始终不忘用户体验至上的宗旨。

除了建立适合本校的体育在线学习资源的分类体系外，高校还可以考虑利用"中国大学慕课"现有功能与条件通过课程学分认证，将优质体育学习资源正式纳入学校课程体系，使学习者不仅可以自由选择课程，还可以通过完成各类学习任务获得相应学分，这将有利于学习者富有针对性、系统性地完成一定数量的课程，有效的拓展学科知识。因此，高校可考虑联合"中国大学慕课"发布与优质教学资源相对应的学分认证政策，绑定学习者的学习行为与学分，真正实现线上线下学习资源互补。

2. 建立优质体育教育资源网络合作项目

体育线上教育资源是一个自然发展与不断更新的网络知识体系，助学团队需要不断地广开思路，参与各种出色的学习资源合作项目，甚至打破学科与学科间的壁垒，学习吸收各门类的线上教育优秀案例经验，以满足用户不断增长的需求、跟上时代不断变化的脚步。

各大高校可以考虑加入小规模限制性在线课程联盟，通过小规模限制性在线课程与国内外高校联合，实现网络体育教育资源共享。小规模限制性在线课程是由加州大学伯克利分校的阿曼德·福克斯教授最早提出和使用的，它与慕课在规模及课程使用权限有所区别。小规模限制性在线课程的学习者规模一般在几十人到几百人不等，要求申请者达到一定要求或条件才能进入学习队列。目前国内外已有多家高校建立起专属本校的小规模限制性在线课程平台，并正在实践基于慕课等开放网络教学资源的教学模式，因此能为我国高校体育线上教学资源的优化建设与应用提供大量有价值的、应用成熟的参考案例。

　　高校平台助学团队还可以探索实践大规模在线实践项目。大规模在线实践项目由我国国防科学技术大学学者提出。大规模在线实践学习有大致三个阶段：利用课程视频先打基础，再利用在线虚拟实验室让学习者进行模拟训练，最后让学习者在线完成完整实训项目。若大规模在线实践可以应用于各大高校，高校体育专业学生或体育师范生即平台体育教育资源主要学习者实践能力的提升完全可以在互联网上得以实现。国内高校可以基于大规模在线实践项目，通过建设体育线上教育资源库和虚拟体育实训资源来丰富新时代下对体育学科网络学习模式的探索。

参考文献

[1] 范力舟. 试论高校教育教学管理机制改革创新和运行的文化管理 [J]. 文化产业, 2021, (21): 76—77.

[2] 葛忠鹏. 高校体育工作实效性评价指标体系构建及实践研究 [D]. 大连: 辽宁师范大学, 2021.

[3] 侯露露. 动态分层合作教学模式在高校健美操选修课教学中的应用 [D]. 成都: 成都体育学院, 2021.

[4] 郝震, 王晓艳. 高校体育教学评价工作的实践与优化 [J]. 体育视野, 2020 (06): 71—72.

[5] 李凯媛, 宋景旗. 浅析快乐体育教学思想在体育教学中的作用 [J]. 冰雪体育创新研究, 2020 (08): 49—50.

[6] 陆菁菁. 基于创新能力培养的高校教育教学管理 [J]. 科教导刊, 2021, (05): 24—25+73.

[7] 孙眉青. 大数据背景下高校教育教学督导工作探究 [J]. 山西青年, 2022, (08): 162—164.

[8] 王艳. 高校教育教学管理工作研究 [J]. 食品研究与开发, 2021, 42 (09): 232.

[9] 王寅昊. 互联网时代高校体育教学模式浅析 [J]. 课程教育研究, 2020 (08): 221—222.

[10] 王高宣, 陈万军. 普通高校大学体育教学内容创新路径研究 [J]. 当代体育科技, 2020, 10 (01): 126—127.

[11] 王美. 新时期高校体育教学创新方法探析 [J]. 食品研究与开发, 2021, 42 (13): 239.

[12] 王道平. "互联网＋"背景下高校体育教学创新发展研究 [J]. 当代体育科技, 2021, 11 (16): 107—109.

[13] 汪晨. 疫情背景下在线教学与高校教育教学融合路径探究 [J]. 中国教育技术装备, 2021, (20): 9—11.

[14] 熊阿凤, 裴金妮, 邓科. 高校体育教学创新体系构建与创新人才培养 [J]. 质量与

市场，2020，（18）：148－150.

[15] 杨懿，汪洋周颖 . 中国高校教育教学改革现状、问题与对策研究——基于二十一世纪以来国家级教学成果奖分析 [J] . 东南大学学报（哲学社会科学版），2021，23（S2）：127－131.

[16] 袁晓峰 . 重庆市普通高校公共体育课程教学质量评价与对策研究 [D] . 重庆：西南大学，2020.

[17] 钟晓露 . 体育教师教育者的胜任力研究 [D] . 南昌：江西师范大学，2021.

[18] 朱婷 . 体育教学模式创新成果及其转化机制探究 [D] . 武汉：武汉体育学院，2020.

[19] 张一波，于桂云，郭晓敏 . 聚焦解决模式在高校教育教学中的应用进展 [J] . 现代职业教育，2021，（23）：132－133.

[20] 郑程挺 . "互联网＋"背景下高校教育教学方式改革思考 [J] . 吉林省教育学院学报，2021，37（11）：116－119.

[21] 庄琦 . 构建高校体育教学创新体系研究 [J] . 黑河学院学报，2021，12（01）：116－118.